O HOMEM COM UM MUNDO ESTILHAÇADO

Coleção Textos Fundantes de Educação
Coordenador: Antônio Joaquim Severino

- *A criança turbulenta – Estudo sobre os retardamentos e as anomalias do desenvolvimento motor e mental*
  Henri Wallon
- *A reprodução – Elementos para uma teoria do sistema de ensino*
  Pierre Bourdieu e Jean-Claude Passeron
- *O homem com um mundo estilhaçado*
  A.R. Luria

Dados Internacionais de Catalogação na Publicação (CIP)
(Câmara Brasileira do Livro, SP, Brasil)

Luria, Aleksandr Romanovich, 1902-1977.
  O homem com um mundo estilhaçado / A.R. Luria ; tradução de Lólio Lourenço de Oliveira. – Petrópolis, RJ : Vozes, 2008 – (Coleção Textos Fundantes de Educação).

  Título original: The man with a shattered world : the history of a brain wound
  Bibliografia
  ISBN 978-85-326-3684-3

  1. Afasia 2. Cabeça – Ferimentos e lesões 3. Cérebro – Danos 4. Cérebro – Doenças 5. Cérebro – Ferimentos e lesões I. Título. II. Série.

08-03396

CDD-616.8046
NLM-WL 354

Índices para catálogo sistemático:
1. Cérebro : Ferimentos e lesões : Tratamento : Ciências médicas   616.8046

A.R. Luria

O homem com um mundo estilhaçado

Tradução de Lólio Lourenço de Oliveira

Petrópolis

© 1972, Michael Cole
© 1987, prefácio de Oliver Sacks

Esta tradução foi publicada por intermédio da Harvard University Press.

Título original inglês: *The Man with a Shattered World – The History of a Brain Wound*

Direitos de publicação em língua portuguesa:
2008, Editora Vozes Ltda.
Rua Frei Luís, 100
25689-900 Petrópolis, RJ
Internet: http://www.vozes.com.br
Brasil

Todos os direitos reservados. Nenhuma parte desta obra poderá ser reproduzida ou transmitida por qualquer forma e/ou quaisquer meios (eletrônico ou mecânico, incluindo fotocópia e gravação) ou arquivada em qualquer sistema ou banco de dados sem permissão escrita da Editora.

Diretor editorial
Frei Antônio Moser

Editores
Ana Paula Santos Matos
José Maria da Silva
Lídio Peretti
Marilac Loraine Oleniki

Secretário executivo
João Batista Kreuch

Editoração: Fernando Sergio Olivetti da Rocha
Projeto gráfico: AG.SR Desenv. Gráfico
Capa: Maria Fernanda de Novaes

ISBN 978-85-326-3684-3 (edição brasileira)
ISBN 0-674-54625-3 (edição inglesa)

Este livro foi composto e impresso pela Editora Vozes Ltda.

SUMÁRIO

Apresentação da coleção (Antônio J. Severino), 7

Prefácio (Oliver Sacks), 9

Sobre o livro e seu autor, 19

Apresentação do autor, 21

O HOMEM COM UM MUNDO ESTILHAÇADO, 23

O passado, 25

A guerra, 28
    Depois de ser ferido, 29
       O hospital de reabilitação, 34

Nosso primeiro encontro, 37

Excerto da história do Caso n. 3.712, 41
    Breve resumo da anatomia do cérebro – Primeira digressão, 42

Primeiros passos num mundo estilhaçado, 53
    Sua visão, 53
    Seu corpo, 57

O espaço, 61
    Leitura, 73
    Outra vez aluno, 76

Escrita, o momento decisivo, 80
"História de um terrível ferimento no cérebro", 85
Por que ele escrevia?, 91
"Meu mundo não tem lembranças", 94
"Minhas lembranças retornaram pelo lado errado, 101
Os traços peculiares de sua "memória-fala", 106

Sobre a recordação de palavras – Segunda digressão, 113
De imagens restritas a imagens não-decifradas, dispersas, 117
Construções gramaticais – Terceira digressão, 123
"Todo o meu conhecimento se perdeu", 137
Uma história que não tem final, 152
"Se não fosse a guerra... – "À guisa de epílogo", 153

Índice, 155

Apresentação da coleção

A história da cultura ocidental revela-nos que educação e filosofia sempre estiveram juntas e próximas, numa relação de vínculo intrínseco. A filosofia sempre se constituiu vinculada a uma intenção pedagógica, formativa do humano. E a educação, embora se expressando como uma práxis social, nunca deixou de referir-se a fundamentos filosóficos, mesmo quando fazia deles uma utilização puramente ideológica. Por isso mesmo, a grande maioria dos pensadores que construíram a cultura ocidental sempre registrou essa produção teórica em textos direta ou indiretamente relacionados à temática educacional, discutindo seja aspectos epistemológicos, axiológicos ou antropológicos da educação.

Este testemunho da história já é suficiente para demonstrar o quanto é necessário, ainda hoje, manter vivo e atuante esse vínculo entre a visão filosófica e a intenção pedagógica. Vale dizer que é extremamente relevante e imprescindível a formação filosófica do educador. No entanto, a experiência cotidiana revela ainda que, em nossa cultura, no que concerne à formação e à atuação desses profissionais, ocorre separação muito acentuada entre a filosofia, enquanto fundamento teórico do saber e do agir, e a educação, enquanto saber ou prática concretos. É evidente que essa prática traz implícitos seus fundamentos filosóficos, sem que deles tenha clara consciência o educador.

Não há dúvida de que, além das deficiências pedagógicas e curriculares do próprio processo de formação desses profissionais, também a falta de mediações e recursos culturais dificulta muito a apropriação, por parte deles, desses elementos que dão conta da íntima e relevante vinculação da educação com a filosofia. Daí a razão de ser desta coleção destinada a reeditar textos do pensamento filosófico-educacional que, por variadas razões, acabam se esgotando e tornando-se inacessíveis às novas gerações de estudantes e profissionais da área. O objetivo desta coleção será, pois, o de colocar ao alcance dos estudiosos os textos fundamentais da reflexão filosófico-educacional desenvolvida por pensadores significativos que contribuíram especificamente para a compreensão filosófica do processo educacional, ao longo de nossa história cultural. Busca-se assim tornar permanente um precioso acervo de estudos de diversos campos científicos, de alcance abrangente para a discussão da problemática educacional, dada a íntima vinculação entre a educação e as ciências humanas em geral.

Antônio J. Severino
Coordenador da coleção

Prefácio

Oliver Sacks

A vida extraordinariamente produtiva de Aleksandr Romanovich Luria atravessou a maior parte do século XX (1902-1977) e assistiu às profundas mudanças ocorridas em nossas abordagens do cérebro e da mente. A vida toda, Luria empenhou-se em estudar o pensamento, a percepção e a ação do ser humano, os modos como podem ser danificados ou transtornados e os modos como podem ser reconstituídos depois de danos produzidos por ferimentos ou doenças. Foi grande a amplitude de seus interesses e, no correr de cinqüenta e cinco anos incessantemente produtivos (seu primeiro livro, sobre a psicanálise, foi publicado em 1922; seus últimos livros, sobre memória, linguagem e desenvolvimento cognitivo, foram publicados, todos eles, durante seu último ano de vida), ele nos ofereceu estudos penetrantes a respeito de temas tão diversos quanto neurose, Mal de Parkinson, distúrbios de linguagem, distúrbios da vontade e da ação, distúrbios comportamentais e cognitivos em crianças, formas complexas de "cegueira mental" e – o que suspeito ter sido seu tema favorito – a natureza da memória e da imaginação. Escreveu uma vintena de livros e algumas centenas de artigos, todos eles caracterizados por uma clareza cristalina de pensamento e de estilo, apaixonada sinceridade e, acima de tudo, amor pelo seu trabalho. Foi o mais importante e fecundo neuropsicólogo de seu tempo, e alçou a neuropsicologia a um requinte e simplicidade inimagináveis cinqüenta anos atrás.

O que desde o início distinguiu sua abordagem, e constituiu uma linha constante em todos os seus estudos, foi o senso que tinha de que até mesmo as funções mais elementares do cérebro e da mente não eram de natureza inteiramente biológica, mas sim condicionadas pelas experiências, as interações, a cultura do indivíduo – sua crença em que as faculdades humanas não podiam ser estudadas ou compreendidas isoladamente, mas tinham sempre de ser compreendidas em relação às influências vivas e formativas. Essa perspectiva "social" era compartilhada de modo especial com seu grande mestre Lev Vygotsky, e Luria muitas vezes se referiu à própria obra como um prolongamento da de Vygotsky. Outras influências, notadamente de Freud e de Pavlov, foram de extrema importância para ele em diferentes épocas; acima de tudo, porém, Luria era original e pensava de modo próprio.

Seus primeiros estudos – sobre o desenvolvimento da linguagem e da mente na criança, sobre o brinquedo, e sobre o desenvolvimento cognitivo transcultural – foram de fato essencialmente "vygotskyanos". A seguir, porém, percebendo que os estudos do desenvolvimento das funções mentais precisavam ser suplementados por estudos sobre seu colapso, no final da década de 1930 Luria voltou-se para o método clássico de análise clínica, e isso iria ocupá-lo pelo resto da vida. Observar os efeitos das lesões cerebrais (tais como ferimentos, ataques e tumores) sobre a percepção, a memória, a imaginação, a linguagem, a "mente" – todas as qualidades mentais dos atingidos – sempre foi o método básico da neurologia clássica. Porém, mediante seus conceitos e abordagens radicalmente novos do cérebro e do funcionamento mental, novos caminhos se abriram para a compreensão dos processos neurológicos, caminhos que, potencialmente, eram também terapêuticos (em contraposição à "antiga" neurologia que não tinha poder algum para *fazer* nada).

A Segunda Guerra Mundial, que acarretou trágica incidência de graves danos cerebrais, proporcionou amplo campo de provas para a nova neuropsicologia, e a obra de Luria *A restauração de funções após ferimento do cérebro* ofereceu uma nova compreensão e esperança para o tratamento desse tipo de pacientes. Após a guerra, e de modo especial em relação a aneurismas e tumores cerebrais (os acidentes da vida civil), seus estudos se ampliaram, tornaram-se mais centrados e intensos, levando às mais abrangentes explorações da linguagem, memória, percepção, imaginação, raciocínio – *todas* as funções que constituem a mente, ou dela fazem parte. Esses estudos encontram-se numa série de importantes livros: *Cérebro humano e processos psicológicos*, *Afasia traumática*, *Problemas básicos de neurolingüística*, *A neuropsicologia da memória* e, o mais extraordinário de todos eles, *Funções corticais superiores no homem*.

Esse é o lado "clássico", principal, de Luria, mas existe um outro lado igualmente importante – ao qual ele gostava de se referir como a "ciência romântica". Luria contrapõe ciência "clássica" e "romântica" do seguinte modo:

> Os eruditos clássicos são aqueles que encaram os eventos em termos de partes componentes. Passo a passo, isolam elementos e unidades importantes, até serem capazes de formularem leis gerais e abstratas. [...] Um dos resultados desta abordagem é a redução da realidade viva, com toda sua riqueza de detalhes, a esquemas abstratos. Perdem-se as propriedades do todo vivente, o que levou Goethe a escrever: "Cinzas são as teorias, mas sempre verde é a árvore da vida".
>
> Os traços, atitudes e estratégias dos eruditos românticos são exatamente os opostos. Não seguem o caminho do reducionismo, que é a filosofia dominante do grupo clássico. Os cientistas românticos não querem fragmentar a realidade viva em seus componentes elementares, e tampouco representar a riqueza dos eventos concretos através de modelos abstratos que perdem as propriedades dos fenômenos em si mesmos. É de maior importância, para os românticos, a preservação da riqueza da realidade viva, e eles aspiram a uma ciência que retenha essa riqueza (edição brasileira: *A construção da mente*. São Paulo: Ícone, 1992, p. 179).

Essa noção de "ciência romântica", que o perseguiu desde os primeiros anos, só veio a encontrar plena expressão nos últimos anos de sua vida, em seus dois extraordinários "romances neurológicos": *A mente de um mnemonista* e *O homem com um mundo estilhaçado*.

Quando o *Mundo estilhaçado* foi publicado pela primeira vez, fiquei tão fascinado com ele que escrevi uma resenha que acabou por ser um ensaio sobre Luria[1]. Maior fascinação ainda foi quando ele me enviou uma resposta (receber uma carta de Luria era como receber uma carta de Freud!), definindo, entre outras coisas, qual sua atitude em relação à própria obra:

> Falando francamente, por mim prefiro muito mais o tipo de estudo "biográfico", como os sobre Shereshevsky (o mnemonista) e Zasetsky... em primeiro lugar por ele ser uma espécie de "ciência romântica" que eu queria introduzir e, em parte, porque sou firmemente *contrário* a uma abordagem estatística formal e *favorável* a um estudo qualitativo da personalidade, *favorável* a toda tentativa de encontrar *fatores* subjacentes à estrutura da personalidade... somente o *estilo* desses dois livros é diferente dos demais; o *princípio* continua a ser o mesmo (carta de 19 de julho de 1973).

E, em outra carta, alguns dias depois:

> Sempre tive a consciência de que uma boa descrição clínica dos casos desempenha papel predominante na medicina, especialmente em neurologia e psiquiatria. Infelizmente, a capacidade de descrever, tão comum nos grandes neurologistas e psiquiatras do século XIX... praticamente se perdeu nos dias de hoje (carta de 25 de julho de 1973).

Luria encarava como tarefa sua (uma das duas tarefas de sua vida) a refundação de uma ciência romântica (sendo a outra a fundação da neuropsicologia, uma nova ciência analítica). Esses dois empreendimentos não eram antitéticos, mas sim complementares em todos os pontos. Assim, ele falou de sua necessidade de escrever

---

1. "The mind of A. R. Luria", *Listener*, 28 de junho de 1973.

dois tipos de livros: livros "sistemáticos" (como *Funções corticais superiores*) e livros "biográficos" (como *O mnemonista* e *Mundo estilhaçado*). Ele não considerava estes últimos desimportantes ou menos importantes do que os primeiros, mas sim uma forma de ciência diferente (e, a seu modo, igualmente rigorosa), tão necessária quanto a clássica, e complementar a esta. Ser ela eminentemente legível e acessível não era mero acaso, mas decorria da natureza mesma do empreendimento, que pretendia apresentar um paciente, um homem, em sua totalidade, ainda que simultaneamente descrevendo a estrutura interna de seu ser, aquela fusão entre pintura e anatomia sonhada por Hume.

Esse tipo de empreendimento – retratando e, ao mesmo tempo, dissecando um homem, combinação dos sonhos de um romancista e de um cientista – foi levado a cabo anteriormente por Freud; e as magníficas histórias de caso de Freud logo nos vêm à mente quando lemos Luria. De fato, as histórias de caso de Luria só se comparam às de Freud por sua precisão, vitalidade, valor e profundidade de detalhes (embora, é claro, sejam também completamente diferentes, tanto quanto a neuropsicologia é diferente da psicanálise). Ambas estudam, fundamentalmente, a natureza do homem; ambas são novas maneiras de pensar a respeito da natureza humana.

Além disso, as "biografias" de Luria distinguem-se por serem histórias de caso com *trinta anos de duração* – nem Freud, nem mais ninguém, jamais nos ofereceu uma história de caso dessa extensão. Porém, sua verdadeira singularidade reside em seu estilo, a combinação entre uma descrição analítica, rigorosa e um sentimento profundamente pessoal e empático pelos sujeitos de estudo. A análise rigorosa é utilizada para descrever uma "síndrome", a totalidade da doença, ou disposição, ou função alterada; mas a síndrome, assim dissecada, está incrustada numa pessoa, um indivíduo que é apresentado com uma fluência e vigor quase novelísticos. E estes são associados – a síndrome sempre se relaciona à pessoa e a pessoa, à síndrome –, o pessoal e o científico estão sempre auspiciosamente fundidos. Se Luria foi bem-sucedido em fazer essa fusão, cabe ao leitor julgar; o que deve ser enfatizado é que o *empreendimento* foi audacioso e novo. Ninguém havia concebido um "romance" neurológico antes de Luria.

"Tentei", escreve Luria, "seguir as pegadas de Walter Pater em *Retratos imaginários*... exceto pelo fato de que meus livros eram retratos *não imaginados*". Não imaginados porém imaginativos, pois foi necessário um extraordinário ato de síntese e de imaginação criativa para transformar os simples fatos sobre Shereshevsky e Zasetsky nas histórias de caso intensamente vívidas e belas que Luria afinal nos oferece. Estas são, não por acaso, histórias de casos extremos, pois os extremos é que são instrutivos de maneira exemplar e única, quer tratem da hipertrofia de determinados poderes (como na imaginação e memória extraordinariamente poderosas do mnemonista) ou do colapso devastador de funções cerebrais e mentais específicas (como no atormentado Zasetsky com o cérebro ferido).

Um grande médico de época anterior, Ivy McKenzie, escreveu: "O médico (diferentemente do naturalista) preocupa-se [...] com um organismo singular, o sujeito humano, lutando por preservar sua identidade sob circunstâncias adversas". Como neuropsicólogo, Luria estuda doenças e síndromes, a constituição e a desintegração do cérebro e da mente; mas como cientista e médico romântico, preocupa-se sempre e de maneira predominante com a identidade, sentindo-a, observando suas vicissitudes, cuidando dela, fortalecendo-a, quando ela está em luta com uma adversidade. Assim, suas obras "biográficas", além de suas especificidades, são do começo ao fim estudos e histórias de indivíduos como um todo – suas mentes, suas vidas, seus mundos, sua *sobrevivência*.

Em *A mente de um mnemonista* não só nos brinda com uma análise fascinante da mente do mnemonista, mas também demonstra profunda preocupação pela situação aflitiva dele. Esse sentimento de preocupação e compaixão está ainda mais evidente em *O homem com um mundo estilhaçado*, onde a sofrida situação do paciente é tão pungente e intensa.

Ambos os livros, como assinala Jerome Bruner, em seu prefácio para *A mente de um mnemonista*, vão além de uma forma puramente médica ou científica e estabelece um novo gênero literário caracterizado por uma concepção amplamente abrangente da narrativa como um todo e uma linguagem tão espontaneamente bela quanto lúcida. Em *Mundo estilhaçado*, o sentimento de tensão dramática, de uma narrativa literária, está presente desde o início (apesar de que, como a maioria das histórias reais, ela seja uma história que não tem um final). Muito embora Luria nos diga que o autor dessa história de vida é seu herói Zasetsky, na verdade devemos vê-los como co-autores e colaboradores em todos os pontos. Não se pode pensar em precedentes para esse tipo de livro; é preciso retornar às anônimas *Confissões de um tiquista* entremeadas por comentários de seus médicos, que abrem o livro de Meige e Feindel sobre tiques. Luria relembra essa antiga tradição, mas a revive de forma radicalmente nova.

Zasetsky é gravemente ferido, em 1942, por fragmentos de um projétil, com dano substancial da região occipitoparietal esquerda de seu cérebro (entremeadas com as vozes narrativas de Zasetsky e Luria, há inúmeras "digressões" sobre neuroanatomia e função cerebral, de tal modo lúcidas e simples que não podem ser melhoradas). Essa fragmentação afeta todos os aspectos de sua vida: ele sofre de um caos visual intolerável, em constante alteração – os objetos em seus campos visuais (no que resta de seus campos visuais) são instáveis, lampejam intermitentemente, deslocam-se, de modo que tudo parece estar em estado de fluxo. Ele não consegue ver, ou sequer imaginar, o lado direito do próprio corpo – o sentimento de "um lado direito" desapareceu tanto do mundo exterior quanto dele próprio. Ele é sujeito a contínuas, quase inimagináveis incertezas a respeito do próprio corpo: às vezes pensa que certas partes dele mudaram de aspecto, que sua cabeça tornou-se desmesuradamente grande, seu tronco extremamente pequeno, suas pernas estão fora de lugar... Às vezes pensa que sua perna direita está em algum lugar acima de seu ombro, possivelmente acima de sua cabeça. Esquece também como funcionam partes de seu corpo – assim, quando precisa defecar, não consegue lembrar-se do próprio ânus.

Acima de tudo, porém, e infinitamente mais grave do que tudo isso, são as destruições da memória, da linguagem e do pensamento: "Minha memória é um vácuo. Não consigo pensar uma só palavra [...]. O que quer que recorde é estraçalhado, fragmentado em pedaços e peças desconexas". Assim, ele se sente como "uma espécie de bebê terrível", ou como alguém enfeitiçado, ou perdido dentro de um sonho horrível, embora "um sonho não pode durar tanto assim, nem é tão monótono. Isso quer dizer que realmente tenho vivido isso durante todos esses anos. Ah, como é horrível esta doença!" Às vezes até acredita que foi morto, porque o antigo Zasetsky, seu eu anterior e seu mundo se "perderam". Contudo, como seus lobos frontais estão intactos, tem plena consciência de sua situação e é capaz de esforços os mais determinados e habilidosos para melhorá-la. Este livro é uma história desses esforços, nos quais paciente e médico se associam num relacionamento o mais íntimo, criativo e comprometido, um sentimento de relacionamento que ultrapassa qualquer coisa em *O mnemonista*, relacionamento – jamais mencionado, invisível, mas onipresente – que constitui a essência mesma da medicina e do cuidado, e que inunda esse livro com um calor, um sentimento e uma beleza moral especiais; ele é a história desses esforços mais do que uma história de danos e deficiências. Assim, acaba por ser uma história de *sobrevivência* – sobrevivência, e mais, uma espécie de transcendência.

Paralelamente à desesperança e ao desespero de Zasetsky, existe uma vontade arrebatada e indomável de melhorar, de fazer todo o possível para recuperar, para trazer de volta o *sentido* à sua vida. São abundantes as metáforas militares, tanto na linguagem de Zasetsky quanto na de Luria. O título original do livro, o título dado por Zasetsky, era *Continuarei a lutar*, e do começo ao fim Luria o descreve, e o admira, como um lutador: "este livro é sobre uma pessoa que lutou com a tenacidade dos condenados para recuperar o uso de seu cérebro danificado. Embora sob muitos aspectos ele tenha continuado tão desvalido quanto antes, a longo prazo foi vitorioso em sua luta".

Este livro não teria sido possível sem os escritos do próprio Zasetsky que, com sua profunda amnésia e afasia (de tal modo que não conseguia nem ler, nem se lembrar do que havia escrito), só podia rabiscar suas lembranças e pensamentos à medida que lhe ocorriam, ao acaso, e com a mais sofrida dificuldade e lentidão. Muitas vezes, era absolutamente incapaz de lembrar ou de escrever, e quando muito só conseguia escrever umas poucas frases por dia. Não obstante, com incrível perseverança e tenacidade, foi capaz de escrever *trezentas páginas* no período de vinte anos e a seguir – e este é o martírio – arrumá-las e ordená-las e, desse modo, recuperar e reconstruir a vida que perdera, fazendo a partir dos fragmentos um todo com sentido. Como diz Luria, as probabilidades eram arrasadoramente contra ele; as probabilidades eram (e, para um paciente desse tipo, *são*) de que fosse "estilhaçado" e "perdido" para sempre. Foi o que certamente ocorreu com algumas de suas funções cerebrais ("sob muitos aspectos, [...] continuou tão desvalido quanto antes"), mas não o que ocorreu com sua "vida" – do modo pelo qual, ao construir sua narrativa, conseguiu recuperar e reapropriar-se do sentimento de um mundo vivo, de uma vida vivida, o sentimento (em todos os sentidos) de *sua própria* vida. Creio ser isso que Luria quer exprimir quando diz que "em certo sentido se pode dizer que ele foi vitorioso".

E talvez haja nisto um universal aplicável a todos nós, ainda que o aprendamos de outra forma com Zasetsky – lição também ensinada por Sócrates, Freud e Proust – que uma vida, uma vida humana, não é uma vida até que seja examinada; que não é uma vida até que seja verdadeiramente lembrada e apropriada; e que essa lembrança não é algo passivo, mas sim ativo, a construção ativa e criativa daquela vida, a descoberta e o relato da verdadeira história daquela vida. Profunda ironia, nesses dois livros maravilhosos e complementares, é que é o homem da memória, o mnemonista, quem, neste sentido, perdeu sua vida, e que o homem amnésico, estilhaçado, é quem ganha e recupera sua vida.

Sobre o livro e seu autor

Este livro descreve o dano causado à vida de um homem por um projétil que penetrou em seu cérebro. Embora ele tenha feito todo o esforço imaginável para recuperar o próprio passado, e haja assim alguma chance de que tenha um futuro, as probabilidades são arrasadoramente contra ele. Creio, porém, que em certo sentido se pode dizer que ele foi vitorioso. Não é falsa modéstia de minha parte não desejar crédito algum por este livro. O verdadeiro autor é o seu herói.

Tenho diante de mim uma pilha de cadernos: alguns deles, descoloridos, coisas improvisadas que vêm do tempo da guerra; outros, volumes grossos, de capa envernizada, que cobrem o passado mais recente. Eles somam quase três mil páginas. Representam vinte e cinco anos de trabalho que esse homem dedicou a descrever os efeitos de um terrível ferimento no cérebro.

O único material de que dispunha consistia de recordações fragmentárias que lhe vinham à cabeça aleatoriamente. Ele teve que lhes impor alguma ordem e sentido de continuidade, muito embora cada palavra de que se lembrava ou cada pensamento que expressava lhe custasse o mais cruciante esforço. Quando sua redação corria bem, conseguia escrever uma página por dia, duas no máximo, e ficava completamente exausto com isso.

Escrever era sua única ligação com a vida, sua única esperança de não sucumbir à doença, mas de recuperar pelo menos parte do que perdera. Este diário constitui o relato de uma luta desesperada pela vida com uma habilidade que os psicólogos não podem deixar de invejar.

Ao tentar compilar as páginas dispersas das recordações desse homem, incluí observações que fiz durante os vinte e cinco anos que o acompanhei como paciente no hospital e na clínica. À medida que o fui conhecendo, pude me dar conta de quão brilhante era a mente que aquele projétil havia destruído e quis partilhar com outras pessoas algumas de minhas impressões e pensamentos. O resultado é este pequeno livro.

Embora esse homem se refira ao próprio relato como uma "história", não há nele traço algum de ficção. Cada afirmação foi confirmada por centenas de registros e de observações.

Em suma, este é um livro sobre uma pessoa que lutou com a tenacidade dos condenados para recuperar o uso de seu cérebro danificado. Embora, sob muitos aspectos, ele tenha continuado tão desvalido quanto antes, a longo prazo foi vitorioso em sua luta.

Moscou, 1972
A.L.

Apresentação do autor

Alguém que seja conhecedor especializado do cérebro humano talvez possa compreender minha doença, descobrir o que um ferimento no cérebro ocasiona à mente, memória e corpo de um homem, apreciar meu empenho e ajudar-me a evitar alguns dos problemas que tenha na vida. Sei que hoje muito se fala sobre o cosmos e o espaço exterior e que nossa terra não passa de uma partícula ínfima desse universo infinito. Realmente, porém, raramente as pessoas pensam sobre isso; o máximo que conseguem imaginar são vôos aos mais próximos dos planetas que giram em torno do sol. Quanto ao vôo de um projétil, ou de um fragmento de granada ou de bomba, que abra o crânio de um homem, arrebentando e queimando os tecidos de seu cérebro, mutilando sua memória, sua visão, sua audição, sua consciência – as pessoas de hoje em dia não vêem nada de extraordinário nisso. Mas, se não é extraordinário, por que estou doente? Por que minha memória não funciona, minha visão não retorna? Por que minha cabeça está continuamente doendo e zumbindo? É deprimente ter que estar sempre recomeçando e decifrando um mundo que se perdeu devido a um ferimento e à doença, fazendo que esses fragmentos e pedaços se juntem num todo coerente.

O título que resolvi dar a este meu escrito foi "Continuarei a lutar!" Queria descrever de que modo essa calamidade ocorreu e de que modo continuou a me atormentar desde que fui ferido. Não perdi a esperança. Tento melhorar minha situação desenvolvendo minha capacidade de lembrar e de falar, de pensar e de compreender. Luto para recuperar a vida que perdi quando fui ferido e fiquei doente.

L.Z.

O homem com um mundo estilhaçado

O passado

No início era tudo muito simples. Seu passado foi bastante igual ao de outras pessoas: a vida tinha seus problemas, mas era suficientemente simples, e o futuro parecia promissor.

Ainda agora, ele gosta de recordar aquele tempo, e as páginas de seu diário voltam sempre àquela vida perdida:

> Em 1941, logo antes da guerra começar, eu terminei meu terceiro ano num instituto politécnico e esperava começar a ter alguma experiência prática numa fábrica especializada. Eu imaginava o tipo de trabalho que faria nessa fábrica, que tinha em andamento alguns dos melhores projetos. Algum trabalho independente para um futuro melhor – isso parecia um modo ideal de terminar meu curso e minha pesquisa no instituto. Por alguma razão, desde criança sempre fui fascinado pela ciência, pelo conhecimento em geral e devorava sofregamente toda informação a que tivesse acesso – na escola, nos grupos de estudo ou simplesmente em minha vida cotidiana. Meu desejo era tornar-me uma pessoa realmente versátil e ser capaz de contribuir para o meu país de inúmeras maneiras através da ciência e da tecnologia.
>
> Antes de eu completar dois anos de idade, meu pai morrera subitamente na mina de carvão em que trabalhava como engenheiro. Depois de sua morte, minha mãe passou por muita dificuldade com quatro filhos pequenos, pois era analfabeta e não sabia como fazer para obter uma pensão para seus filhos. Mas ela era muito trabalhadeira e não se amedrontou de enfrentar a dureza de sua nova vida, e de algum modo deu um jeito para nos ali-

mentar e vestir, manter um teto sobre nossas cabeças, e até mesmo nos mandar para a escola quando chegava a hora. Ela também me mandou para a escola, fui muito bem no primário e seis anos depois me diplomei com louvor na escola média.

Pensava comigo mesmo: "Logo estarei me diplomando no instituto. Faltam dois anos? Isso não é nada! O que poderá me atrapalhar agora? E, logo que me diplomar, começarei a dar uma ajuda à minha mãe, já é tempo de que ela possa descansar!..."

Por vezes, recordava a infância: de início, nebulosamente, embora mais tarde suas recordações fossem espantosamente nítidas:

> Acontece de me lembrar da infância, até de meus primeiro e segundo anos do primário [sic]. Lembro-me de minha professora daquela época, Marya Gavrilovna Lapshina, e dos nomes de meus melhores amigos: Sanka Mironov, Volodka Salomatin, Tanya Rasina, Adya Protopopova, Marusya Luchnikova.
>
> Consigo lembrar-me até de nossas brincadeiras e das canções que cantávamos e de como, na segunda série, fiz uns versinhos maldosos sobre os meninos de que não gostava. Também fui mandado a um encontro de Jovens Pioneiros em Moscou, que de certo modo nunca chegou a se realizar, mas me lembro de como era seu acampamento e da grande assembléia de que participamos. Lembro-me também de Epifani – minha cidade natal – de determinadas partes dela e da cidade como um todo. Também... meus melhores amigos e a professora da escola primária... Lembro-me de o que as pessoas queriam dizer com palavras como *terra, sol, lua, estrelas* e *universo* (como só um escolar, uma criança, pode lembrar de coisas assim).

Mais tarde, em seu diário, encontramos outras recordações da vida naquela cidadezinha sossegada em que passou sua infância e juventude:

Antigamente, Epifani era um velho centro comercial. No meio da cidade há uma grande catedral com diversos afrescos da Virgem e do Menino Jesus, e uma cruz dourada no alto de sua torre. A partir da catedral, as ruas se estendiam como raios, a mais próxima com fileiras de casas de dois ou três andares, as mais distantes com casas térreas de madeira em que viviam os negociantes. Nas beiradas da cidade há outras três ou quatro igrejas e um quilômetro adiante um rio que corre de norte para o sul. Para chegar até lá é preciso virar à esquerda e descer um quarteirão em declive, ou seguir por uma trilha inclinada e tortuosa próxima à Igreja de Uspenskaya... Minha família vivia num pequeno quarteirão chamado Parkova – no segundo andar. Três casas depois da nossa há um pequeno parque, onde sempre é muito silencioso e tranqüilo...

A GUERRA

Aí, de repente, tudo se acabou.

Certa manhã eu estava indo para o instituto, pensando no futuro, quando subitamente escutei, na verdade me arrepiei com as notícias terríveis: havia começado uma guerra com a Alemanha! Os arranjos a respeito de nosso treinamento em serviço haviam sido cancelados. O instituto teve que cancelar as férias e encurtar o currículo para que se pudesse continuar com o último ano do curso. Os meus cursos (considerados agora o "programa do quarto ano") também haviam sido incluídos no currículo. Mas os nazistas já haviam invadido e tínhamos que defender nosso país. A mobilização do Komsomol enviara para a frente de batalha estudantes do quarto ano que, temporariamente, tinham que abandonar seu trabalho no instituto até que a guerra acabasse.

E agora posso lembrar-me de estar lutando em algum lugar na frente ocidental... e ser ferido na têmpora. Mas um mês depois estava de volta à frente de batalha. Nossas tropas haviam parado de recuar há muito tempo e agora estavam rigorosamente na ofensiva, avançando cada vez mais. Isso foi em 1943... o setor ocidental do front... a batalha de Smolensk. Em algum lugar perto de Vyazma, um pelotão de lança-chamas posicionado no Rio Vorya recebera ordens de unir-se a uma companhia de fuzileiros para um ataque contra os alemães. Pretendia-se que as forças conjuntas dos lança-chamas e da companhia de fuzileiros penetrasse na defesa alemã na margem oposta do Vorya. Ambas as companhias esperavam a ordem de atacar já há quarenta e oito horas. Era começo de março, quente e ensolarado – mas úmido. Nossas botas de feltro estavam encharcadas e todos nós estávamos ansiosos para atacar. Se ao menos a ordem chegasse, se ao menos...

Tornei a fazer a ronda, falando com cada um de meus homens (eu estava, então, no comando do pelotão de lança-chamas)... Olhei para o oeste, para a margem oposta do Vorya, onde estavam os alemães. Aquela margem do rio era pedregosa e escarpada, mas tínhamos que vencê-la de algum modo. E creio que o teríamos feito, se ao menos a ordem chegasse.

E aí ela chegou. Todo o mundo começou a se deslocar e por um minuto – talvez dois ou três – pôde-se ouvir o estrépito de nossos blindados. Logo depois, tudo ficou silencioso. Subitamente, todo o mundo apertou o passo e se deslocou através do rio congelado. O sol já se havia posto, mas ainda havia forte claridade. Os alemães esperavam em silêncio, dois ou três deles lançando-se rapidamente para fora de nossas vistas nas profundezas da região. Nem um tiro, nem um ruído vindo deles. Aí, subitamente, houve uma rajada de tiros do lado deles, metralhadoras pipocando em todas as direções. As balas zuniam sobre minha cabeça, lancei-me ao chão para me proteger. Mas eu não podia ficar ali esperando, não enquanto nossas águias começavam a escalar o barranco da margem. Sob o tiroteio, saltei sobre o gelo, avancei... rumo ao oeste... lá... e...

Depois de ser ferido

Em algum lugar não muito distante de nossa posição mais avançada nas linhas de frente, numa barraca muito iluminada, finalmente voltei a mim...

Por alguma razão, não conseguia lembrar-me de nada, nem falar nada. Minha cabeça parecia completamente oca, vazia, sem qualquer sinal de pensamento ou de memória, apenas uma forte dor e um zunido, uma sensação de atordoamento.

Mas enquanto estive sobre a mesa de operação, em vários momentos pude perceber os traços indistintos de um homem de rosto largo e rechonchudo, cujos olhos zangados me examinavam através dos óculos, enquanto falava para os médicos e ajudantes o que deviam fazer comigo.

Pessoas com roupas muito brancas, toucas na cabeça e máscaras de gaze até a altura dos olhos, curvavam-se sobre mim. Lembro-me vagamente de ficar deitado na mesa de operação enquanto diversas pessoas me seguravam tão forte pelas mãos, pelos pés e pela cabeça, que eu não conseguia mover um músculo.

Tudo que me lembro é que os médicos e os ajudantes não me deixavam levantar... lembro-me que gritava, arfando sem fôlego... que um sangue quente e pegajoso escorria por minhas orelhas e pescoço, que minha boca e lábios tinham um gosto salgado...

Lembro-me que meu crânio estava estourando, e eu sentia uma dor aguda e dilacerante na cabeça... Mas não tinha força alguma, já não conseguia gritar, apenas arfava. Minha respiração parou – agora, a qualquer momento eu ia morrer...

Lembrando-se dos dias após sua operação, ele escreveu:

Minha cabeça estava, então, completamente vazia. Eu apenas dormia, acordava, mas simplesmente não conseguia pensar, concentrar-me ou lembrar de alguma coisa. Minha memória – como minha vida – mal parecia existir.

No começo, não conseguia sequer saber de mim, ou do que me havia acontecido, e durante muito tempo (dias a fio), sequer sabia onde fora ferido. O ferimento em minha cabeça parecia ter-me transformado numa espécie de bebê terrível.

Ouvira um médico falando com alguém. Mas como não pude vê-lo, não prestei atenção. Subitamente, ele se aproximou de mim, estendeu a mão e me tocou, perguntando: "Como é que vai, camarada Zasetsky?" Não respondi, só fiquei pensando por que estava me perguntando aquilo. Depois que ele repetiu várias vezes meu nome, lembrei-me afinal que me chamava "Zasetsky". Só então ocorreu-me dizer: "Tudo bem".

Logo depois de ser ferido, parecia que eu era uma espécie de recém-nascido que só olhava, ouvia, observava, repetia, mas ainda não tinha uma mente própria. Era assim que eu parecia no começo. Depois, quando tive a oportunidade de ouvir as palavras que as pessoas usam seguidamente em conversa ou pensando, desenvolveram-se diversos conjuntos de "fragmentos de memória", e a partir desses comecei a compreender a vida que me rodeava e a lembrar-me do que as palavras significavam.

No final do segundo mês, lembrei-me de quem era Lênin, compreendia palavras como sol, lua, nuvem, chuva e me lembrava de meu nome e sobrenome. Às vezes chegava a lembrar que em algum lugar tinha uma mãe e duas irmãs, um irmão também, antes da guerra, que desaparecera desde o primeiro ano de combates (ele fora designado para as tropas na Lituânia).

Mais tarde, o companheiro da cama vizinha interessou-se por mim e até prometeu que escreveria para minha casa se eu conseguisse lembrar-me do endereço. Mas como eu ia lembrar? Era extremamente difícil. Será que me lembraria disso, se não conseguia nem pensar nos nomes de minha mãe e irmãs?...

Devido a meu ferimento, havia esquecido tudo quanto jamais aprendera ou soubera... tudo... e tinha que começar do zero para desenvolver-me de novo – pelo menos até certo ponto. Depois disso, meu desenvolvimento subitamente parou, e tenho estado assim desde então. É mais devido a minha memória que tenho tantos problemas em compreender as coisas. Veja: eu havia esquecido absolutamente tudo e tive que começar tudo de novo, tentando identificar, recordar e compreender as coisas com o tipo de memória de uma criança.

Devido àquele ferimento na cabeça, tornei-me uma pessoa anormal – só que não fiquei maluco. De modo algum. Era anormal porque tinha uma enorme porção de amnésia e durante muito tempo não tive sequer um traço de lembranças.

Minha mente era o tempo todo uma completa desordem e confusão, meu cérebro parecia muito limitado e fraco. Antes, eu costumava funcionar de modo muito diferente*.

Estou permanentemente dentro de uma espécie de neblina, como um pesado meio-sono. Minha memória é um vácuo. Não consigo pensar uma só palavra. Tudo o que atravessa minha mente são algumas imagens, visões enevoadas que aparecem de repente e também de repente desaparecem, dando lugar a outras imagens novas. Mas simplesmente não consigo compreender ou lembrar o que elas significam.

O que quer que recorde é estraçalhado, fragmentado em pedaços e peças desconexas. Por isso é que reajo de ma-

---

* [Nota do tradutor para o inglês: Muitos dos trechos citados daqui para diante foram escritos no tempo presente, o que é bastante adequado se considerar que os problemas desse homem continuaram, a despeito da passagem do tempo. O Prof. Luria manteve escrupulosamente as repetições e incoerências, sintomas da condição do paciente.]

neira tão anormal a qualquer palavra e idéia, a qualquer tentativa de compreender o significado das palavras.

Ele não estava sozinho em perceber isso. Além disso, não só ele sentia, mas estava convencido de que outras pessoas reparavam nisso, que todo o mundo se dava conta de que ele se tornara uma pessoa inteiramente diferente, que não servia para nada, mera imagem de um homem que para todos os fins práticos havia morrido. Em suma, um homem que fora morto na guerra.

> Agora as pessoas afinal se dão conta do dano que um ferimento no cérebro pode ocasionar. Elas sabem o que eu era antes da guerra, antes de ter sido ferido, e podem ver quão diferente sou agora – sem qualquer serventia, incapaz para qualquer tipo de trabalho, para absolutamente nada.

Vivo dizendo às pessoas que me tornei uma pessoa inteiramente diferente a partir de meu ferimento, que fui morto a 2 de março de 1943, mas devido a alguma força vital de meu organismo permaneci vivo milagrosamente. Ainda assim, mesmo parecendo estar vivo, a carga desse ferimento na cabeça não me deixa em paz. Minha sensação é de estar sempre vivendo num sonho – um pesadelo horroroso, perverso – que não sou um homem, mas uma sombra, um tipo de criatura que não serve para nada...

Ele fora "morto" a 2 de março e vivia uma existência sem sentido, uma espécie de modorra que torna difícil para ele acreditar que esteja realmente vivo:

> É difícil acreditar que isto seja realmente vida, mas se é um sonho (e será?) não posso senão esperar até acordar. Também, meu novo terapeuta me diz que já estamos em guerra há três anos e que fiquei doente e analfabeto devido a um grave ferimento no cérebro.

> Então, isso quer dizer que não estive sonhando todo esse tempo – claro que não. Um sonho não pode durar tanto assim, nem é tão monótono. Isso quer dizer que realmente tenho vivido isso durante todos esses anos. Ah,

como é horrível esta doença! Ainda não consigo ter controle sobre mim mesmo, não consigo imaginar como é que eu era antes, o que aconteceu comigo...

Mas uma vez ou outra, quando reflito sobre como é hoje minha mente, fico pensando: isto sou mesmo eu? Estou sonhando ou isto é real? Agora já durou muito tempo para ser um sonho, esse tipo de coisa não acontece, ainda mais quando você sabe que o tempo está passando tão rapidamente. Mas se isto é vida, e não sonho, por que ainda estou doente? Por que a minha cabeça não parou de doer e de zumbir, por que sempre me sinto tão atordoado?

Continuo a ter a mesma esperança de sempre de fazer alguma coisa de minha vida e, por isso, não quero que as pessoas pensem que sou um caso perdido. Faço o que posso para conseguir isso e, pouco a pouco, vou usando todas as possibilidades que tenho.

O tempo passa, mas não passa a agonia desse homem cuja consciência fora tão devastada pelo ferimento. Nessa época, a frente de batalha estava bem para trás, a ela se havia seguido toda uma cadeia de hospitais – primeiro em Moscou (na época uma cidade da linha de frente), depois em pequenas cidades de província. Numa destas, ele foi de fato alojado num prédio em que outrora fora a escola freqüentada por ele. Ele se lembrava daquelas salas grandes e claras que antigamente haviam sido salas de aula e das muitas pessoas que vinham perguntar como estava passando. Depois, houve muitas outras viagens e, depois, uma longa viagem de trem na qual, em cada estação, novos pacientes eram embarcados no trem-hospital. Finalmente, chegou ao hospital de reabilitação dos Urais.

O hospital de reabilitação

Terminou num lugar agradável, sossegado, um refúgio em meio às tormentas da guerra, um hospital para o qual haviam sido enviadas centenas de soldados com ferimentos semelhantes ao dele. Lembrava-se bem desse lugar e descreveu-o com invejável clareza.

> Por toda parte há uma vista magnífica; de um lado, um enorme lago rodeado de pinheiros; a seguir, outro lago ainda maior, e um terceiro. Para onde quer que se olhe, as árvores são gigantescas e, sobre elas, o céu parece mais azul, mesmo que o sol esteja muito brilhante, simplesmente resplandecente de luz.

Ele também tem uma viva recordação dos últimos momentos da viagem, antes de chegar:

> O sacolejar do vagão me irrita, sinto na cabeça o lugar em que fui ferido. Por alguma razão, parece que o vagão esteve dando voltas sem sair do lugar por algum tempo.... Mas aqui há um outro lago, e lá adiante um prédio grande de três andares próximo a vários outros – todos eles bem aqui, no meio da floresta. A locomotiva vai parando – chegamos.

Quando foi para o hospital de reabilitação, o curativo de sua cabeça havia sido removido. Externamente, o ferimento parecia estar curado.

> Ainda tenho que ler sílaba por sílaba, como uma criança; continuo sofrendo de amnésia e não consigo me lembrar de palavras ou significados; continuo atacado de "afasia mental" e não consigo recuperar a memória nem nada das habilidades e conhecimento que tinha antigamente.

> Duas idéias continuam rodando em minha cabeça: continuo dizendo para mim mesmo que minha vida acabou, que não tenho utilidade alguma para ninguém, mas vou continuar assim até morrer, o que provavelmente agora não vai demorar muito. Por outro lado, alguma coisa continua a insistir que tenho que viver, que o tempo pode curar tudo, que talvez o que preciso é do remédio certo e bastante tempo para recuperar-me.

E num dia mais adiante lembrou-se dessa sua ambivalência e escreveu:

> Muitas vezes, quando refletia sobre como era minha vida, pensei: quem precisa disso? Além do mais, essas minhas eternas dúvidas tornam as coisas ainda piores.

Ainda não queria acreditar que sofrera um ferimento muito grave na cabeça e continuava a insistir que devia ser um sonho. O tempo corria muito rápido, de maneira muito peculiar.

Sentia como se estivesse enfeitiçado, perdido em algum mundo de pesadelo, um círculo vicioso do qual não havia como escapar, não havia possibilidade de acordar. Nada do que eu via fazia qualquer sentido para mim. Quando pensava sobre aquele ferimento e os efeitos terríveis que ele teve, eu ficava horrorizado: será que isso tudo aconteceu realmente? Irá continuar desse modo até acabar esta minha vida miserável?

Embora continuasse sendo sensível à natureza, tudo quanto percebia parecia alterado e inacessível.

Desde que fui ferido, tenho gasto muito tempo para compreender e identificar as coisas em torno de mim. Mais ainda, quando vejo ou imagino coisas em minha mente (objetos físicos, fenômenos, plantas, animais, pássaros, pessoas), ainda não consigo pensar as palavras para elas imediatamente. E vice-versa – quando ouço um som ou uma palavra, não consigo lembrar imediatamente o que significa.

O que significam essas dificuldades? Por que seu mundo desmoronou de tal maneira que tudo lhe parecia alterado e difícil de captar?

Nosso primeiro encontro

A primeira vez que me encontrei com esse homem foi em fins de maio de 1943, quase três meses depois de ter sido ferido. Para acompanhar o curso de sua doença, eu o vi com bastante regularidade durante um período de vinte e seis anos (semanalmente ou, às vezes, a intervalos mais longos). À medida que nossa amizade se desenvolvia, fui tendo a oportunidade de testemunhar sua longa e incansável luta para recuperar o uso de seu cérebro danificado – para viver, não apenas existir.

A primeira vez que entrou em minha sala no hospital de reabilitação fiquei chocado pelo quão jovem era sua aparência. Parecia pouco mais do que um menino, olhando-me com um sorriso confuso e inclinando desajeitadamente a cabeça para um dos lados. (Fiquei sabendo depois que perdera a visão do lado direito e que, para poder ver, tinha que virar lateralmente.)

Perguntei como estava passando e, depois de uma certa hesitação, respondeu timidamente: "Tudo bem". Contudo, a pergunta sobre quando havia sido ferido deixou-o desarvorado.

– Bem, sabe... foi, foi... já há muito tempo... deve ser uns dois, três... qual é a palavra?...

De que cidade ele era?

– Em casa... há... quero escrever... mas simplesmente não consigo.

Tinha parentes?

– Há... minha mãe... e também as... – como é que a gente diz?

Obviamente ele não entendia de saída minhas perguntas e, mesmo depois de entender, tinha dificuldade para responder. Cada tentativa para fazê-lo levava-o a uma luta frenética pelas palavras.

– Tente ler esta página – sugeri.

– O que é isso?... Não, não sei... não compreendo... o que é isto?

Tentou examinar a página mais de perto, segurando-a diante do olho esquerdo e, a seguir, movendo-a ainda mais para o lado e examinando cada uma das letras com expressão de espanto.

– Não, não consigo! – foi só o que respondeu.

– Tudo bem, então: tente apenas escrever seu nome e o da cidade em que você nasceu. – Isso também o levou a uma luta desesperada. Pegou o lápis de modo desajeitado (primeiro, virado com a ponta ao contrário), a seguir apalpou, procurando o papel. Mais uma vez, porém, não conseguiu traçar sequer uma letra. Ele estava fora de si, simplesmente não conseguia escrever e deu-se conta de que se tornara subitamente analfabeto.

Sugeri que tentasse fazer alguma coisa simples com números, como somar seis com sete.

– Sete... seis... o que é isso? Não, não consigo... simplesmente não sei.

– Está bem. Então, dê uma olhada nesta figura e diga-me o que você vê. Ela se chama "Caçadores num lugar de repouso".

– Ali há um... ele está... ele está sentado.... E este aqui está... está.... E há esse... Eu não sei! É claro que há alguma coisa aí, mas... mas como é que se chama?

A seguir, pedi que erguesse a mão direita.

– Direita? Direita?... Esquerda?... Não, não sei... Onde está minha mão esquerda?... O que quer dizer direita?... Ou esquerda?... Não, não consigo fazer.

Fazia um esforço enorme para responder minhas perguntas e sentia vivamente cada fracasso.

– Está bom – sugeri – conte-me o que você lembra sobre a frente de batalha.

– Àquela altura... estávamos... estávamos muito mal. Tínhamos que nos retirar... perderíamos tudo. Então decidi que, que... se as coisas estavam daquele jeito... disseram para eu... quantos? Cinco... Mas aí eu estava fora do hospital e, e... então... o ataque. Lembro claramente dele... pois aí, aí... aí fui ferido... É só isso.

Era penoso para ele tentar descrever o que ainda estava vivo em sua memória; simplesmente não conseguia encontrar as palavras para começar. Perguntei-lhe se sabia em que mês estávamos.

– Agora? Qual é a palavra?... É, é... maio!

E sorriu. Finalmente dera com a palavra certa. Quando lhe pedi que dissesse todos os meses do ano, ele conseguiu fazê-lo com relativa facilidade e novamente sentiu-se confiante. Mas quando lhe pedi que os dissesse em ordem inversa, teve enormes dificuldades.

– Qual o mês que vem antes de setembro? – perguntei-lhe.

– ... antes de setembro? Qual é a palavra?... setembro? outubro?... Não, não está certo... Simplesmente não me vem...

– Qual a estação que vem antes do inverno?

– Antes do inverno? Depois do inverno?... Verão?... Ou *alguma coisa assim*! Não, não consigo.

– E antes da primavera?

– Agora é primavera... e... e antes... Já esqueci, não consigo lembrar.

O que significam essas tentativas desesperadas e inúteis de lembrar-se?

Sua reação à natureza era tão intensa quanto sempre. Ele gostava de sentir o silêncio e a calma do ambiente que o rodeava, escutava com atenção o canto dos pássaros e observava como a superfície do lago ficava lisinha num dia sem vento. Queria muito dar respostas, fazer tudo que lhe era pedido. Cada fracasso só renovava seu sentimento de perda.

Não teve problemas em relacionar os meses do ano. Por que, então, não conseguia me dizer que mês vem antes de setembro, ou mostrar a mão esquerda e direita? Por que era incapaz de somar dois números simples, reconhecer letras, escrever, lembrar-se de palavras comuns, ou descrever uma figura? Em suma, que tipo de ferimento cerebral havia danificado essas faculdades, poupando, no entanto, não só sua compreensão imediata do mundo, como também sua vontade, desejo e sensibilidade para experimentar, permitindo que avaliasse todo e qualquer fracasso?

Excerto da história do caso n. 3.712

O subtenente Zasetsky, de vinte e três anos de idade, em 2 de março de 1943, sofreu na cabeça um ferimento a bala que penetrou na área parieto-occipital esquerda do crânio. O ferimento foi seguido de um coma prolongado e, apesar do pronto atendimento num hospital de campanha, teve complicações posteriores por inflamação de que resultaram aderências do cérebro às meninges e causaram aliterações acentuadas nos tecidos adjacentes. A formação do tecido cicatricial alterou as configurações dos ventrículos laterais, empurrando o ventrículo lateral esquerdo para cima e produzindo uma atrofia incipiente da medula dessa área.

Desses dados pode-se tirar algumas conclusões alarmantes. O projétil alojara-se nas regiões parieto-occipitais posteriores do cérebro e destruiu o tecido nessa área, dano posteriormente complicado por uma inflamação. Embora fosse um ferimento localizado e não extenso, limitado somente às áreas do cérebro adjacentes ao local do dano, causou males irreversíveis às regiões parieto-occipitais do hemisfério esquerdo, e a formação do tecido cicatricial produziu inevitavelmente uma atrofia parcial da medula, que, com o tempo, estava fadada a se tornar mais extensa.

Horrível destino espera alguém que sofra de atrofia progressiva e irreversível dessa parte do cérebro. Neste caso, quais os sintomas que produziu e ainda ameaçava criar? De que modo o tipo especial de ferimento sofrido por esse homem é responsável por toda a síndrome que acabamos de descrever?

Breve resumo da anatomia do cérebro – Primeira digressão

Suponhamos que um cérebro tenha sido removido de seu crânio e colocado sobre uma mesinha de vidro diante de nós. O que vemos é uma massa cinzenta inteiramente vincada por sulcos profundos e circunvoluções em relevo. Essa massa divide-se em dois hemisférios, o esquerdo e o direito, conectados por um ligamento caloso espesso. Na superfície, essa matéria – o córtex dos grandes hemisférios – é de cor cinzenta uniforme; embora com menos de quatro ou cinco milímetros de espessura, consiste de um número enorme de células nervosas que constituem a base material para todos os complexos processos psicológicos.

O córtex das partes externas dos hemisférios é de origem mais recente do que o das partes internas. Logo abaixo da fina camada do córtex encontra-se a matéria branca, que se compõe de um número enorme de fibras estreitamente ligadas que unem partes distintas do córtex, conduzem até ele estímulos originados na periferia e redirecionam para a periferia as reações que se desenvolvem no córtex. Em nível ainda mais profundo, encontram-se seções adicionais de matéria cinzenta; estas formam os núcleos subcorticais do cérebro – onde os estímulos da periferia terminam e sofrem seu processamento inicial.

O cérebro parece uniforme e monótono, mas constitui o produto mais elevado da evolução. Recebe, processa e retém informações, monta programas de comportamento e regula sua execução.

Até bem recentemente sabíamos muito pouco a respeito de sua estrutura e organização funcional. Raramente se encontravam conhecimentos precisos nos livros de texto que eram cheios de suposições vagas e conjecturas fantasiosas que faziam dos mapas do cérebro algo pouco mais confiável do que os mapas do mundo dos geógrafos medievais.

Graças ao trabalho de estudiosos eminentes como I.M. Sechenov, I.P. Pavlov, Monakov, Goldstein e outros, hoje sabemos muito mais a respeito do cérebro humano. E embora nossas concepções não cheguem a ser mais do que o estágio mais elementar de uma verdadeira ciência, já percorremos um longo caminho a partir das presunções vagas e das suposições não verificadas das gerações anteriores. Exatamente devido a essas informações, podemos analisar mais de perto os sintomas produzidos pelo ferimento deste paciente.

Evidentemente, a impressão superficial que se tem do cérebro como uma massa cinzenta uniforme e indiferenciada opõe-se diametralmente à inconcebível complexidade e diferenciação que esse órgão realmente possui. A matéria cinzenta consiste de um número extraordinário de células nervosas, os neurônios, unidades básicas da atividade cerebral. Alguns cientistas estimam haver 14 bilhões dessas células; outros supõem que esse total seja ainda maior. O mais importante é que esses neurônios possuem um rigoroso padrão de organização: cada uma das áreas, ou "blocos", individuais diferem radicalmente em suas funções.

Dada a complexidade dos problemas em pauta, podemos simplificar um pouco o caso, selecionando para consideração os componentes mais importantes do cérebro humano, os três "blocos" fundamentais desse espantoso aparelho.

A primeira dessas formações pode ser chamado de bloco "energizador" ou "regulador do tônus". Localiza-se na base do cérebro, no interior das seções superiores do tronco do cérebro e na formação reticular que constitui o ponto de partida da atividade vital do cérebro.

Parte desse bloco, localizada na parte mais profunda dessas massas de matéria cinzenta, é o que os antigos chamavam de "bossa visual" (tálamo óptico), muito embora na verdade tenha uma relação apenas remota com os processos visuais. Constitui um posto preliminar para o processamento de impulsos oriundos das funções metabólicas do organismo e da excitação dos órgãos sensoriais. Quando esses impulsos, por sua vez, são conduzidos ao córtex cerebral, eles lhe conferem seu estado normal de tonicidade e vigor. Se o influxo desses impulsos cessa, o córtex perde sua tonicidade, a pessoa cai num estado semi-sonolento e, a seguir, no sono. Esse mecanismo "alimenta" o cérebro do mesmo modo que uma fonte de energia proporciona a "alimentação" de aparelhos eletrônicos. Na medida em que esse bloco de "energia" manteve-se intacto neste paciente, ele era capaz de manter-se alerta e de modo geral ativo.

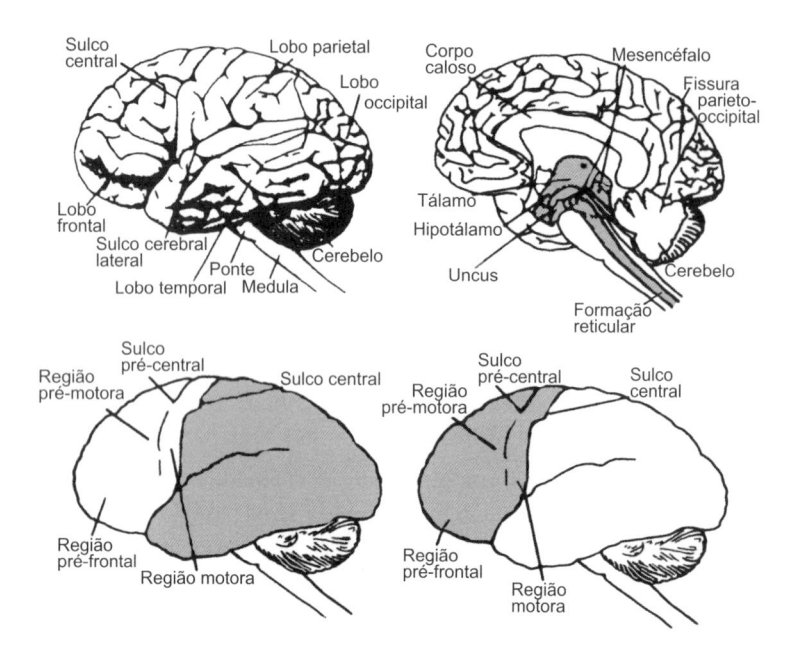

Figura 1

As regiões do cérebro. A anatomia macroscópica do cérebro humano está representada no desenho esquerdo superior. Os demais desenhos identificam os três blocos mais importantes do cérebro envolvidos na organização do comportamento. O primeiro bloco (desenho superior direito) inclui o tronco[?] cerebral e o antigo córtex. Ele regula a vigília e a resposta aos estímulos. O segundo bloco (desenho inferior esquerdo) desempenha papel essencial na análise, codificação e armazenamento de informações. O terceiro bloco (desenho inferior direito) está envolvido na formação de intenções e programas.

O segundo bloco mais importante do cérebro, localizado nas seções posteriores dos grandes hemisférios, desempenha função de maior importância. Como foi exatamente parte desse bloco que foi destruído pelo ferimento deste homem, devemos examiná-lo em maior detalhe.

A função desse bloco não é garantir o vigor do córtex mas, antes, agir como um bloco para o recebimento, processamento e retenção de informações que uma pessoa extrai do mundo exterior. Cada pessoa percebe milhares de objetos, tanto muito conhecidos quanto desconhecidos. Capta um sem-número de sinais de seu meio ambiente. O reflexo que esses estímulos produzem na retina do olho é transmitido por fibras nervosas muito finas para as regiões occipitais do córtex cerebral – a área visual do córtex. Nesse ponto, uma imagem visual é fragmentada em milhões de traços componentes, pois as células nervosas no córtex das regiões occipitais possuem funções extremamente especializadas. Algumas delas distinguem entre as mais finas *nuances* de cor; outras reagem apenas a linhas retas, curvas ou angulares; outras ainda ao movimento de um ponto periférico para um centro, ou de um centro para uma periferia. Essa seção do córtex, o "córtex visual primário" (localizado na parte mais atrás da região occipital), é de fato um notável laboratório que fragmenta as imagens do mundo externo em milhões de partes constitutivas. Esta também não foi danificada pelo ferimento deste paciente.

Adjacente a essa área existe outra seção da região occipital que os especialistas denominam "córtex visual secundário". Toda a massa desse córtex consiste de minúsculas células nervosas com pequenas *offshoots* semelhantes a estrelas (por isso chamadas "células estelares"). Distribuídas por todas as camadas superiores do córtex cerebral, elas combinam os estímulos a elas transmitidos a partir do "córtex visual primário" em complexos completos e intrincados – os "padrões dinâmicos". Convertem cada um dos traços dos objetos percebidos em estruturas completas e multiformes.

Se for aplicado um choque elétrico ao "córtex visual primário" (isso pode ser feito durante uma cirurgia cerebral e é absolutamente indolor) pontos e círculos brilhantes e traços fulgurantes aparecem diante dos olhos da pessoa. Se, porém, se aplicar o choque a qualquer parte do "córtex visual secundário", a pessoa vê padrões complexos ou, às vezes, objetos completos – árvores balançando, um esquilo saltando, um amigo se aproximando e saudando. Foi demonstrado que o estímulo dessas áreas "secundárias" do córtex visual têm o poder de provocar vívidas recordações do passado, tais como imagens de objetos. Essa parte do cérebro opera como um diapositivo para processar e reter informações e devemos a cientistas de vários países (Förster, da Alemanha; Pötzl, da Áustria; Penfield, do Canadá) essa descoberta nova e fascinante a respeito da atividade do cérebro.

Dada a complexidade dessas funções pode-se bem imaginar as graves conseqüências resultantes de um ferimento nessas seções do córtex. Um ferimento que destrua o "córtex visual primário" de um hemisfério, ou os feixes de fibras nervosas que conduzem os estímulos visuais até ele (estes formam um delicado leque no interior da matéria cerebral e são denominados adequadamente "radiação óptica"), oblitera parte do campo de visão. A destruição do "córtex visual primário" ou das fibras do hemisfério esquerdo resultam em perda da metade direita do campo visual, enquanto o dano a essa mesma parte do córtex no hemisfério direito afeta a metade esquerda do campo visual. Os médicos utilizam um termo esquisito e difícil para descrever isso ("hemianopsia" – perda de metade do campo de visão). Esse sintoma é uma indicação fidedigna de exatamente qual a parte do córtex foi destruída.

Um ferimento do "córtex visual secundário" produz uma síndrome ainda mais peculiar. Se um projétil ou um fragmento de bomba atinge as seções anteriores da área occipital (que são parte do "córtex visual secundário"), a pessoa continua a ver os objetos com a mesma clareza de antes. Contudo, as pequenas "células estelares" não funcionam mais; e são elas que sintetizam em todos completos as características individuais dos objetos percebidos. Assim, a visão da pessoa sofre uma alteração desconcertante: ela continua a distinguir cada uma das partes dos objetos mas não consegue mais sintetizá-las em imagens completas; e, como um estudioso que tenta decifrar algum cuneiforme assírio, pode apenas conjeturar o todo a partir dessas partes separadas.

Suponhamos que se peça a uma pessoa que olhe uma figura de um par de óculos. O que é que ela vê? Um círculo, depois outro, a seguir uma barra transversal e, finalmente, duas partes anexas em formato de bengala. Seu palpite é – deve ser uma bicicleta. Este paciente não consegue perceber os objetos, muito embora possa distinguir cada um de seus traços. Ele sofre de uma desordem complexa para a qual os médicos usam uma expressão que combina latim e grego – "agnosia óptica" (incapacidade de reconhecer o significado dos estímulos visuais).

A cognição, porém, é afetada por outros fatores além dos acima descritos. Afinal, não percebemos simplesmente objetos isolados, mas situações completas; também observamos as relações e correspondências complexas entre os objetos, sua localização no espaço (o caderno está no lado direito da mesa, o tinteiro, no esquerdo; para chegar ao quarto de alguém, deve primeiro virar à esquerda no corredor, depois à direita, etc.). Uma vez que os objetos estão dispostos dentro de um sistema completo de coordenadas espaciais, podemos imediatamente perceber onde eles se localizam.

A capacidade de perceber situações, ou avaliar relações espaciais, implica algo muito mais complexo do que a percepção de figuras ou objetos. Não só nossos olhos mas também nossa experiência motora desempenham um papel nisso (pode-se pegar o caderno com a mão direita, alcançar o tinteiro com a esquerda, etc.). Nossa capacidade de localizar os objetos no espaço é ainda ajudada por um órgão especial na parte interna do ouvido – um mecanismo "vestibular" que mantém o sentido de equilíbrio tão essencial para avaliar-se o espaço tridimensional. Os movimentos dos olhos, também, têm estreita relação com essa função, pois podem ajudar a, de um só golpe de vista, avaliar a distância entre um objeto e outro e determinar a relação entre eles. A operação organizada e combinada desses vários sistemas é necessária para assegurar que impressões distintas e consecutivas serão recodificadas numa estrutura completa instantânea.

Naturalmente, outros setores mais complexos do córtex cerebral afetam nossa percepção simultânea das relações espaciais. Esses setores são adjacentes às áreas occipital, parietal e temporal e constituem um dos mecanismos da parte cognitiva "terciária" do córtex (que a esta altura poderia ser denominada a parte "gnóstica"). A função desta última é combinar as seções visual (occipital), táctil-motora (parietal) e auditiva-vestibular (temporal) do cérebro. Essas seções constituem as formações mais complexas do segundo bloco do cérebro humano. No processo da evolução, foram a última parte do cérebro a se desenvolver e somente no homem adquiriram algum vigor. Não estão plenamente desenvolvidas na criança pequena, mas amadurecem gradativamente e tornam-se efetivos entre os quatro e os sete anos de idade. São extremamente vulneráveis e até mesmo um dano ligeiro desintegra sua função. Como consistem inteiramente de células "associativas" extremamente complexas, muitos especialistas as denominam "zonas de convergência" das partes visual, táctil-motora e auditiva-vestibular do cérebro.

Precisamente esses setores "terciários" do córtex é que o fragmento de projétil destruiu no cérebro deste paciente. Assim, devemos considerar quais sintomas podem ser produzidos por dano a partes desse setor do córtex (quer por granadas ou fragmentos de projéteis, quer por hemorragia e inflamação).

A capacidade visual da pessoa pode manter-se relativamente não alterada. Porém, se o projétil passar através das fibras da "radiação óptica" e destruir parte delas, verifica-se a ocorrência de pontos de cegueira e toda uma parte (às vezes uma metade) do campo visual se desintegra. A pessoa continuará também a perceber objetos discretos (desde que os setores "secundários" do córtex visual tenham permanecido intactos), a ter sensações tácteis e auditivas e a distinguir os sons da fala. Não obstante, uma função muito importante terá sido gravemente prejudicada: a pessoa não consegue combinar imediatamente suas impressões num todo coerente; seu mundo se torna fragmentado.

Ela está cônscia do próprio corpo e sente os braços e as pernas, embora não consiga distinguir o braço direito do esquerdo. É impossível para ela conceber isso imediatamente. Para fazê-lo, precisará localizar os braços em termos de todo um sistema de coordenadas espaciais, para distinguir o esquerdo do direito. Digamos que essa pessoa está começando a arrumar sua cama: irá estender a coberta ao comprido ou atravessado? Se tenta vestir um roupão, como distinguirá a manga direita da esquerda? Ou como irá compreender que horas estão indicando os ponteiros do relógio? Os números "3" e "9" são exatamente paralelos, a não ser pelo fato de estarem um à direita e o outro à esquerda do relógio. Mas como essa pessoa determina a "esquerda" e a "direita"? Em suma, cada movimento que faz se torna terrivelmente complicado.

Além disso, o que dissemos até aqui não esgota a série de problemas que essa pessoa enfrenta num mundo "fragmentado". As regiões "terciárias" do córtex parieto-occípito-temporal do hemisfério esquerdo estão intrincadamente vinculadas a uma das funções psicológicas mais importantes – ou seja, a linguagem.

Há mais de um século, o anatomista francês Paul Broca descobriu que um ferimento nos setores posteriores da circunvolução frontal inferior do hemisfério esquerdo resulta numa desintegração das "imagens motoras das palavras", prejudicando com isso a capacidade de falar da pessoa. Alguns anos mais tarde, o psiquiatra alemão C. Wernicke revelou que (nas pessoas destras) um ferimento dos setores posteriores da região temporal superior do mesmo hemisfério prejudica a capacidade da pessoa de distinguir e compreender os sons da fala.

A pessoa trabalha com sua mão direita, esta tem papel dominante em sua vida. Contudo, é o hemisfério oposto, o esquerdo, que controla sua mão e sua faculdade de falar, uma das atividades humanas mais complexas. A linguagem não é só um meio de comunicação, mas uma parte fundamental de todo o processo de cognição. Empregamos palavras para designar objetos e sua localização no espaço (*direita, esquerda, atrás, na frente*, etc.). Por meio de construções gramaticais exprimimos relações e idéias. Sem considerar o quão particular ou abreviada possa ser a linguagem, ela é essencial para a cognição: por meio dela designamos números, realizamos cálculos matemáticos, analisamos nossas percepções, distinguimos o que é essencial do que não é, e constituímos categorias das distintas impressões.

Além de ser um meio de comunicação, a linguagem é fundamental para a percepção e a memória, o pensamento e o comportamento. Ela organiza nossa vida interior.

Será, então, de admirar que a destruição dos setores "terciários" do córtex do hemisfério esquerdo produza conseqüências ainda mais graves do que as que acabamos de descrever? Uma pessoa com esse tipo de ferimento vê seu mundo interior fragmentado; não consegue pensar numa dada palavra de que precisa para expressar uma idéia; acha as relações gramaticais complexas incrivelmente difíceis; esquece como somar ou utilizar quaisquer das habilidades que aprendeu na escola. Todo o conhecimento que possuía anteriormente está retalhado em pedaços de informação discretos e sem relação entre si. Exteriormente, sua vida pode não parecer diferente, mas ela mudou radicalmente; devido a um ferimento de uma pequena parte de seu cérebro, seu mundo se tornou uma série infindável de labirintos.

Poderia pensar-se que, sendo destruída ainda que apenas parte desse importante bloco, a vida de uma pessoa seria totalmente devastada. Estaria privada daquilo que é singularmente humano, reduzida à irremediável invalidez, deixada sem um presente e sem qualquer possibilidade de um futuro. Contudo, existe um terceiro bloco importante do cérebro, sobre o qual ainda não falamos, que, neste paciente, manteve-se incólume.

Esse bloco localiza-se nos setores anteriores do cérebro e contém os lobos frontais. Ele não afeta a tonicidade do córtex; também não recebe, processa ou retém informações do mundo físico. Vincula-se ao mundo unicamente por meio de mecanismos do segundo bloco e só pode funcionar efetivamente se o primeiro bloco manteve o córtex suficientemente nutrido e vigoroso. A função desse terceiro bloco é de importância decisiva; ele consiste num poderoso aparelho que permite que a pessoa forme e sustente intenções, planeje ações e as leve a cabo.

Como já tratei desse bloco extensamente algures, há somente uma coisa que desejo dizer aqui: ou seja, que um ferimento dos setores anteriores do cérebro (inclusive dos lobos frontais) produz uma síndrome totalmente diversa da que acabamos de descrever. Esse tipo de ferimento não prejudica a capacidade de aprender, perceber ou recordar de uma pessoa. Seu mundo mantém-se intacto, embora sua vida seja com efeito patética: é completamente incapaz de formar qualquer intenção duradoura, planejar para o futuro, ou determinar o curso de seu próprio comportamento. Só consegue reagir a sinais que capta do exterior, mas é impotente para convertê-los num conjunto de símbolos para controlar seu comportamento. E uma vez que não possui possibilidade alguma de avaliar as próprias insuficiências, não consegue corrigi-las. Não consegue sequer conceber o que irá fazer no minuto seguinte, quanto mais na próxima hora ou no próximo dia. Assim, embora seu passado permaneça intacto, é despojada de qualquer possibilidade de um futuro e perde exatamente aquilo que torna humana uma pessoa.

Em nosso paciente, os mecanismos do terceiro bloco, o córtex frontal, haviam sido poupados e, com eles, sua capacidade de reconhecer os próprios defeitos e seu desejo de superá-los. Ele tinha uma consciência muito aguda do que significava ser humano e, na medida de suas forças, trabalhava febrilmente para superar seus problemas. Sofria intensamente e, embora seu mundo houvesse sido devastado, ele continuava, no sentido mais profundo, a ser um homem, lutando para recuperar o que havia perdido, para reconstruir a própria vida e usar os poderes que outrora possuía:

Era deprimente, insuportável perceber o quão miserável e patética era minha situação. Veja, eu ficara analfabeto, doente, não tinha memória. Então, mais uma vez, eu tentaria reviver alguma esperança de me recuperar dessa terrível doença. Comecei a imaginar que iria superar as dores de cabeça e os acessos de atordoamento, que recuperaria a visão e a audição, que me lembraria de tudo que havia um dia aprendido.

Claro que as pessoas não se davam conta de qual era realmente minha situação, não sabiam do enorme esforço que me havia custado chegar até ali. Ainda agora, quero pensar que posso provar às pessoas que não estou acabado, que não sou um caso perdido, que tudo que necessito é aprender a recordar e a falar novamente, ser capaz de usar o tipo de mente que possuía antes de ser ferido (uma mente pelo menos passável). Uma vez ou outra essa terrível amnésia se apodera de mim mas sempre tenho a esperança de conseguir remontar uma espécie de vida e, por isso, não quero que as pessoas pensem que sou um caso perdido. Estou tentando realizar parte desses sonhos e gradativamente fazer alguma coisa que ainda possa fazer.

Não perdi a esperança de que ficarei apto para algum tipo de trabalho e que poderei ser de alguma utilidade para meu país. Acredito que...

Primeiros passos num mundo estilhaçado

Vamos repassar suas recordações dos primeiros dias e semanas após ter sido ferido, a parte inicial de seu diário. Que nos dizem elas? De que modo seu mundo se desintegrou de maneira tão completa que ele nunca foi capaz de montar os pedaços e peças que sobraram?

Ele se viu num hospital e viu um grupo de pessoas debruçadas sobre ele. Pouco depois, lembrava-se de ver diferentes pessoas se aproximarem dele e perguntarem como se sentia. E, com esses primeiros contatos, subitamente sua vida tornou-se terrivelmente difícil. Vamos examinar alguns trechos de seu diário que descrevem determinados tipos de problemas com que se defrontou.

Sua visão

Algo acontecera completamente diferente de qualquer coisa que tivesse experimentado até então. De início, não conseguia perceber coisa alguma; seu mundo desmoronara em fragmentos, e estes não formavam objetos ou imagens completos. O lado direito de qualquer coisa que estivesse olhando não existia; o que conseguia perceber era um vazio cinzento uniforme. Uma vez que os objetos haviam deixado de parecer entidades completas, ele tinha que procurar montar os fragmentos e adivinhar o que significavam:

> Desde que fui ferido não fui mais capaz de ver um só objeto como um todo – nem um. Mesmo agora tenho que completar muita coisa a respeito de objetos, fenômenos e qualquer ser vivo a partir da imaginação. Isto é, tenho que representá-los em minha mente e tentar lembrar deles como inteiros e completos – depois, tenho a opor-

> tunidade de olhá-los, tocá-los, ou ter alguma imagem deles. Nem mesmo um pequeno tinteiro consigo ver como um objeto completo. Na verdade, há algumas coisas em que posso pensar como me lembrava delas antes, mas esqueci como se parece a maioria dos objetos, fenômenos ou seres vivos, e eu os vejo, ou os represento para mim mesmo, de modo muito diferente do que fazia antes de ser ferido.
>
> Ainda agora, continuo não vendo de maneira completa objetos, coisas ou pessoas, como fazia antes – apenas parte deles. Quando olho uma colher, pela extremidade esquerda, fico pasmo. Não consigo imaginar por que só vejo a extremidade da colher e não a colher inteira. Quando isso aconteceu a primeira vez, aquilo me pareceu um estranho pedaço de espaço e cheguei a ficar de fato com medo de que a colher se tivesse perdido dentro da minha sopa.

A esta altura de seu diário, ele fez um desenho mostrando como sua visão havia mudado – o que ela era antes e depois de ter sido ferido (ver Fig. 2).

Além disso, os objetos que via não pareciam mais estáveis. Tremeluziam intermitentemente e tornavam-se deslocados, fazendo com que tudo parecesse estar em permanente estado de fluidez.

> Através dos objetos e por trás deles vejo que há um sem-número – de fato uma infinidade – de enxames de mosquitinhos, minúsculos e em movimento incessante, que torna difícil que eu veja os objetos propriamente ditos. Por causa desse enxame, não consigo ver com clareza a primeira letra de uma palavra. Ela não fica nítida, mas parece que foi depenada [*plucked*], desgastada nas beiradas, e o que sobra disso são pontos, traços ou fios espalhados que tremeluzem como um enxame. Posso ver isso neste momento com meus próprios olhos – quando olho pela janela, tenho um campo muito reduzido de visão, mas dentro desse campo e fora dele vejo esse enxame correndo para lá e para cá.

Por vezes, a esse problema acrescentavam-se alucinações, pois o tecido cicatricial que se formara na área danificada de seu cérebro estimulava as células nervosas que retêm as memórias visuais. Isso dava origem a mais uma causa de sofrimento – a angústia de um homem que encontra não só seu mundo desintegrado mas ainda sua visão perturbada.

> Lembro que houve dois dias e duas noites que não tive coragem de fechar os olhos. Parecia estar tendo alucinações. Mal fechava os olhos e já via alguma coisa horrível, algo muito estranho – um rosto humano, mas que parecia ter orelhas enormes e olhos que eram também esquisitos. Ou ainda via rostos, objetos e cômodos de diversos tipos. Assim, abria os olhos logo que podia.

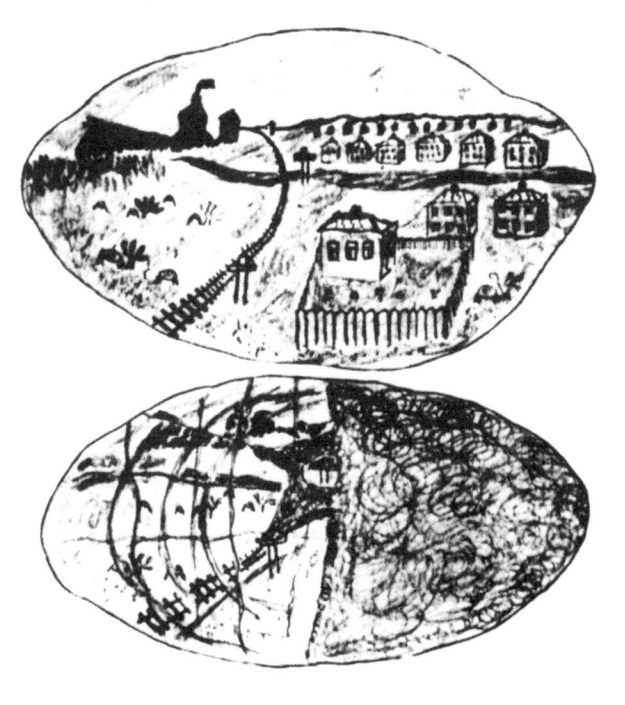

No alto: visão antes do ferimento. Embaixo: visão após o ferimento.

Era difícil para ele viver em um mundo em que metade das coisas pareciam haver desaparecido, de tal modo que ele precisava reorientar-se completamente.

> Uma vez, quando saí do meu quarto e comecei a caminhar no corredor, mal dera alguns passos quando de repente bati com meu ombro direito e com o lado direito de minha testa contra a parede e fiz um enorme galo na testa. Fiquei louco da vida: simplesmente não conseguia compreender por que de repente batera na parede. Eu deveria tê-la visto. Logo em seguida, olhei para baixo – para o chão e para meus pés – e estremeci. Não conseguia ver o lado direito de meu corpo. Minhas mãos e pés haviam desaparecido. Que teria acontecido com eles?

(Mesmo meses e anos mais tarde essas deficiências não haviam melhorado; sua vista continuou tão fragmentada quanto antes.)

Ele procurava compreender o que lhe havia acontecido e começou a descrever cada uma de suas deficiências, a começar por sua visão gravemente deformada:

> Desde que fui ferido jamais fui capaz de ver alguma coisa com o lado direito de cada um dos olhos. Mas como meus olhos parecem inteiramente normais para os outros, ninguém pode, apenas olhando para mim, dizer se enxergo ou não. Mas isso significa que se focalizo um ponto com qualquer dos olhos, tudo que estiver à direita de uma linha vertical que passe por esse ponto desaparece. Consigo ver o que está à esquerda dela, mas muitas coisas não são visíveis, isto é, há alguns pontos cegos em minha visão. Quando começo a ler uma palavra como vertigem (em russo: *golovokruzheniye*), e olho para a letra "k", o ponto superior direito, só vejo as letras à esquerda ("v-o"). Não consigo ver nada à direita da letra "k", ou em volta dela. À esquerda dela, só consigo ver as duas letras "v" e "o", mas nada do que estiver mais à esquerda. Se alguém traçasse as letras mais para a esquerda com um lápis, eu veria onde o movimento do lápis começa, mas não as letras. Isso quer dizer que não só não consigo

ver nada com a parte direita de cada olho, mas também não consigo ver alguns pedaços dos objetos à minha volta do lado esquerdo.

Seu corpo

Ainda que gravemente prejudicada, a visão perturbada era apenas uma pequena parte dos problemas que ele enfrentava. Se apenas sua visão tivesse sido afetada, as coisas não teriam sido tão ruins, mas a sensação que ele tinha do próprio corpo se alterou e, com isso, suas reações:

> Muitas vezes caio numa espécie de estupor e não compreendo o que está se passando à minha volta; não percebo os objetos. Em dado momento estou ali pensando em alguma coisa, no momento seguinte mergulho no esquecimento. Mas de repente volto a mim, olho para o meu lado direito e fico horrorizado ao descobrir que metade de meu corpo sumiu. Fico aterrorizado; procuro imaginar o que aconteceu com meu braço e perna direitos, com todo o lado direito de meu corpo. Movo os dedos de minha mão esquerda, sinto-os, mas não consigo ver os dedos de minha mão direita e de certo modo nem sequer tenho consciência de que eles estão ali. E fico terrivelmente preocupado. Sei que há alguma coisa que devo ter em mente – que eu de repente "perco" o lado direito de meu corpo porque sempre me esqueço de que não consigo ver ao meu lado direito. Mas não consigo me acostumar com essa idéia e, assim, freqüentemente me aterrorizo quando parte de meu corpo desaparece.

Não só ele "perde" o lado direito do corpo (um dano à área parietal do hemisfério esquerdo produz inevitavelmente esse sintoma); algumas vezes acreditava que certas partes de seu corpo haviam se alterado – que sua cabeça se tornara desmesuradamente grande, suas costas extremamente pequenas, e suas pernas tinham mudado de lugar. Parecia-lhe que, além da desintegração dos objetos que percebia, certas partes de seu corpo haviam sofrido alguma forma de fragmentação:

> Às vezes, quando estou sentado, de repente acho que minha cabeça está do tamanho de uma mesa – [*every bit as big*] – enquanto minhas mãos, pés e costas se tornaram muito pequenos. Quando me lembro disso, eu mesmo acho cômico, mas também muito esquisito. Esse é o tipo de coisas que chamo de "peculiaridades corporais". Quando fecho os olhos, nem sempre estou certo de onde está minha perna direita; por alguma razão costumava pensar (e até mesmo sentir) que ela estava em algum lugar acima de meu ombro, ou mesmo acima de minha cabeça. E nunca conseguia reconhecer ou compreender aquela perna (o pedaço que vai do pé até o joelho).
>
> Outra coisa estranha que acontece (é um problema menor, e tenho algum controle sobre ele) é que às vezes, quando estou sentado numa cadeira, de repente me torno muito alto, mas minhas costas se tornam terrivelmente curtas e minha cabeça muito, mas muito pequenininha – não mais do que a cabeça de uma galinha. Não se pode nem imaginar como é isso, mesmo que se tentasse – simplesmente isso "acontece" a você.

Freqüentemente, ele não conseguia localizar partes do próprio corpo. Elas haviam se esfacelado em pedaços e partes e ele não conseguia imaginar imediatamente onde estavam sua mão, pé, nuca, e tinha que caçá-los durante longo tempo e com grande esforço. Em sua vida anterior, quando as partes de seu corpo haviam estado intactas, teria sido impensável ter que "caçá-las".

> Muitas vezes, chego a esquecer onde estão meu antebraço e minhas nádegas e tenho que pensar no que se referem essas duas palavras. Sei o significado da palavra *ombro* e que a palavra antebraço relaciona-se de perto com ela (em russo: *plecho* e *predpleche*). Mas sempre me esqueço de onde se localiza meu *antebraço*. É perto do meu pescoço, ou de minhas mãos? A mesma coisa acontece com a palavra *nádegas*. Esqueço onde ela fica, e me confundo todo. Está nos músculos de minhas pernas, acima dos joelhos? Meus músculos pélvicos? A mesma coisa

acontece com muitas outras partes de meu corpo. E, ainda mais, também não consigo lembrar-me das palavras para elas.

Digamos que um médico me peça para mostrar onde ficam minhas costas. É estranho, mas não consigo fazê-lo. Agora, sei que a palavra costas refere-se a meu corpo, mas devido ao ferimento em minha cabeça não consigo lembrar, simplesmente esqueci, onde fica essa parte. Também esqueci um bom número de outras palavras para partes de meu corpo.

A mesma coisa acontece quando o médico me pede para mostrar meus olhos. Levo um tempão para me lembrar do que significa a palavra "olho". Finalmente me lembro, mas a seguir tenho o mesmo problema com a palavra *nariz*. Depois do médico fazer isso comigo muitas vezes, ele me pede para mostrar essas coisas rapidamente, uma depois da outra. Mas isso só serve para me confundir e já não consigo me lembrar das palavras *nariz*, *orelha* e *olho*, mesmo que ele tenha estado me treinando para usá-las vezes e vezes seguidas. Até mesmo uma palavra que acabei de aprender não me vem depressa à mente.

Quando o médico diz: "Mãos nos quadris!", fico parado pensando no que significa isso. Ou, se ele diz: "Mãos na cintura!... cintura... mãos na cintura..." – o que quer dizer isso?

Por vezes, sua confusão tem conseqüências bastante estranhas: não só ele perderia o senso do próprio corpo, como também esqueceria como funcionavam as partes de seu corpo. A recordação a seguir, uma das primeiras, data das semanas imediatamente depois de ter sido ferido, quando esteve internado num hospital perto de Moscou. É um sintoma claramente atípico.

Acordei de repente, durante a noite, e senti uma espécie de pressão na barriga. Alguma coisa se mexia em minha barriga, mas não é que eu tivesse que urinar – era

> alguma outra coisa. Mas o quê? Simplesmente não conseguia imaginar o que fosse. Enquanto isso, a pressão em minha barriga ia-se tornando a cada minuto mais forte. De repente, percebi que devia ir ao banheiro, mas não conseguia imaginar como fazer isso. Eu sabia qual era o órgão que expelia a urina, mas aquela pressão se dava num orifício diferente, só que eu havia esquecido para que ele servia.

Essa não foi a única experiência estranha que ele teve. Logo descobriu que tinha que reaprender o que antes havia sido uma coisa muito comum – acenar para alguém, ou dar um tchauzinho.

> Eu estava deitado e precisava da enfermeira. Como fazer para que ela viesse? De repente me lembrei que a gente pode acenar para alguém e então tentei acenar para a enfermeira – isto é, mover a mão esquerda levemente para a frente e para trás. Mas ela passou direto e não prestou atenção à minha gesticulação. Percebi, então, que havia esquecido completamente de como se acenava para alguém. Parecia que eu havia me esquecido de como fazer o gesto com as mãos de modo que alguém compreendesse o que eu queria dizer.

O espaço

Ele logo se adaptou a essas "peculiaridades corporais" e só passou a se perturbar com elas mais tarde, quando começou a sofrer ataques. Porém, outras perturbações ("peculiaridades espaciais", como as chamava) persistiram. Por exemplo, quando um médico queria cumprimentá-lo dando a mão, ele não sabia qual das mãos estender; se tentava sentar-se numa cadeira, freqüentemente acontecia de estar mais para a esquerda do que pretendia. Não era mais feliz com os talheres – era incapaz de pegar a comida com o garfo ou de segurar uma colher do jeito certo, inclinava-a para o lado, derramando a sopa. Esses problemas começaram muito cedo, quando ele ainda estava no hospital, e continuaram por anos a fio.

> Quando o médico aprendeu como era meu primeiro nome, ele sempre me chamava desse modo e tentava apertar minha mão quando chegava. Mas eu não conseguia pegar sua mão. Ele tentava uma segunda vez mas, por sorte ou por azar, eu me esquecera de que tinha uma mão direita, uma vez que não podia vê-la. De repente, eu me lembrava e procurava apertar sua mão de novo, mas só conseguia tocar seus dedos. Ele largava minha mão e tentava uma vez mais. Mas eu continuava incapaz de fazê-lo, então ele pegava minha mão e me mostrava como era.

> Desde que fui ferido, às vezes tenho tido problemas ao sentar-me numa cadeira ou num sofá. Primeiro olho para ver onde está a cadeira, mas quando tento me sentar subitamente procuro segurar a cadeira, pois tenho medo de cair no chão. Às vezes isso acontece, porque calha de a cadeira estar mais para um lado do que eu imaginava.

Essas "peculiaridades espaciais" eram especialmente penosas quando estava sentado à mesa. Tentava escrever e era incapaz de controlar um lápis, não sabendo como segurá-lo. Encontrava problemas semelhantes nas oficinas do hospital em que esteve para terapia ocupacional, na esperança de que tivesse algum trabalho para fazer e assim convencer-se de que podia ser útil, adaptado a algum tipo de trabalho. Ali, também, enfrentou precisamente as mesmas dificuldades:

> O instrutor me deu uma agulha, um carretel de linha, um tecido com um modelo desenhado nele e me disse para tentar bordar seguindo o modelo. Aí ele saiu para atender a outros pacientes – gente que tinha tido braços ou pernas amputados depois de sofrer ferimentos, ou metade do corpo paralisada. Enquanto isso, fiquei ali sentado, com a agulha, a linha e o pano nas mãos tentando descobrir por que me haviam dado aquilo; fiquei ali sentado por muito tempo sem fazer nada. De repente, o instrutor voltou e perguntou: "Por que você está aí sentado sem fazer nada? Vamos lá, enfie a linha na agulha!" Peguei a linha com uma mão, a agulha com a outra, mas não conseguia compreender o que devia fazer com elas. De que jeito eu ia enfiar a linha na agulha? Virava e revirava aquelas coisas nas mãos, mas não tinha a menor idéia do que fazer com qualquer uma delas.
>
> A primeira vez que olhei para aqueles objetos, ainda sem pegá-los, eles me pareceram perfeitamente familiares – não havia razão para pensar a respeito deles. Mas assim que os tive nas mãos, tive dificuldade para imaginar para que serviam. Caí numa espécie de estupor e não seria capaz de associar aqueles dois objetos em minha mente – era como se tivesse esquecido que existiam. Rodava a agulha e a linha na mão, mas não conseguia compreender como unir as duas – como enfiar a linha na agulha.
>
> Depois, aconteceu uma outra coisa desagradável. Aí, eu já havia aprendido para que serviam a agulha, a linha, o

dedal e o pano, e tinha uma vaga noção de como usá-los. Mas era absolutamente impossível para mim pensar nos nomes daqueles e de outros objetos que as pessoas me mostravam. Eu ficava ali sentado, dando pontos no pano com a agulha, inteiramente incapaz de me lembrar de como se chamavam aquelas coisas que eu estava usando.

A primeira vez que entrei na oficina e vi as pessoas trabalhando ali, reparei em várias coisas – uma bancada, uma tábua, uma plaina – e achei que reconhecia aqueles objetos e sabia como se chamavam. Porém, quando me deram realmente uma plaina e uma tábua, fiquei mexendo com elas por um bom tempo até que um outro paciente me mostrou como usar aquelas e outras ferramentas. Comecei a lixar uma madeira, mas nunca aprendi a fazer isso direito, nunca consegui lixá-la. Cada vez que tentava, a superfície acabava irregular e torta, ou com saliências e depressões. E mais ainda, eu me cansava muito depressa. Enquanto plainava a madeira ou olhava para alguma outra ferramenta da carpintaria (um bloco de madeira ou uma bancada) era sempre a mesma velha história – não conseguia me lembrar para que aquelas coisas eram usadas.

Quando fui para uma oficina aprender a fazer sapatos, o instrutor me explicou tudo com muito detalhe, porque estava convencido de que eu era muito atrapalhado e tapado e não sabia coisa alguma sobre fazer sapatos. Mostrou-me como segurar o martelo, como pregar os pregos e como tirá-los, mas a única coisa que aprendi foi pregar pregos de madeira numa prancha e tirá-los novamente. E mesmo isso era difícil, pois eu não conseguia ver onde os pregos deviam ir e sempre errava a martelada batendo nos dedos até sangrarem. Era muito lento nisso. Assim, a única coisa que me deixavam fazer era pregar pregos numa prancha.

Esses problemas continuaram, mesmo depois que voltou para casa e quis ajudar a mãe fazendo alguma coisa simples na casa. Se ela lhe pedia para cortar lenha, consertar a cerca, ou buscar leite na despensa, ele percebia que não sabia como proceder. Toda vez via-se num impasse e isso lhe dava ainda mais motivo de desgosto.

> Eu punha um tronco no lugar, pegava um machado, dava um golpe e errava, de modo que o machado acertava no chão. Desde que fui ferido, costumo acertar o chão quando dou machadadas, ou então o machado pega na madeira e o toco salta do lugar, rola e me atinge na mão ou no pé, deixando marcas roxas. Raramente conseguia atingir o centro do tronco, mais comumente acertava um pouco para a direita ou para a esquerda dele, como se alguma força misteriosa desviasse meu golpe para um dos lados. Por isso é que tenho tanta dificuldade em cortar lenha.

> Uma vez minha irmã me pediu para fixar a porta do celeiro que estava presa por um prego só. Eu queria fazer isso, mas passei um bom tempo examinando o celeiro, tentando imaginar de que eu precisava, onde tinha que pegar as ferramentas para consertar a porta. Não conseguia me lembrar, embora elas estivessem bem ali no celeiro. Desde que fui ferido fiquei receoso de tocar as coisas – qualquer coisa à minha volta. Era isso que eu sentia quando estava no celeiro, mas isso também acontece comigo quando estou no meu quarto. Não sei ou não compreendo onde estão as coisas. De certo modo não consigo realmente examinar as coisas e imaginar para que servem. Quando minhas irmãs perceberam que eu não conseguia encontrar o que necessitava no celeiro, elas me trouxeram os pregos e o martelo. Eu os peguei mas fiquei ali parado pensando em como ia consertar a porta. Depois de pensar nisso durante algum tempo, finalmente peguei o martelo. Mas não o segurei direito – virei ele de um jeito que o prego entortou quando o martelei e machuquei o dedo. O prego já estava torto e curvo. Tentei imaginar como corrigir isso, mas não consegui encontrar um jeito de endireitá-lo. A essa altura, minha mãe ficou brava comigo, pegou o martelo e ela mesma consertou a porta.

> Quando tentei ir buscar água, enchi o balde e fui voltar, mas de repente caí de costas num chão que era perfeitamente plano. Felizmente não bati a cabeça – caí de costas e só amassei o balde.
>
> Muitas vezes, bato com o lado direito dos baldes numa cerca ou parede, ou tropeço quando o solo é irregular. Quando volto com os baldes d'água sinto-me perfeitamente bem, mas logo fico exausto e muito nervoso. Minhas mãos e pés tremem e fico irritado e aborrecido, embora nunca tenha tido de carregar água por mais de cem metros, pois moro bem perto de um poço.

Os problemas de lidar com um mundo que parecia haver se desintegrado e um corpo que se recusava a funcionar adequadamente o atormentavam não só quando tentava trabalhar, mas afetava tudo em sua vida cotidiana, mesmo em algo tão simples quanto exercitar-se ou participar de algum jogo. Tendo de enfrentar obstáculos a cada momento, as coisas mais simples e mais comuns tornavam-se penosamente difíceis.

> Eu ficava no meio do meu quarto e tentava fazer algum exercício. Antes de ser ferido, sabia quatro tipos diferentes de exercício que havia aprendido a fazer com música quando era criança no Acampamento dos Jovens Pioneiros. Mas, por alguma razão, não consigo lembrar-me deles agora; esqueci os quatro. Então, apenas procuro fazer alguns tipos de movimentos como erguer e baixar os braços, sentar e levantar. Mas não gosto de fazer isso. Fico cansado depressa e perco todo o interesse no exercício.
>
> Quando tento jogar boliche, nunca consigo acertar os pinos – quanto a isso, esqueci como se joga qualquer tipo de jogo. Não enxergo direito nem sou rápido para pensar. Se tento [*to throw a stick*], erro, vai sempre longe do alvo. O mesmo acontece com outros jogos que afinal descobri como jogar.

O que estava na raiz dos problemas que ele descreve aqui? Por que não conseguia acertar o alvo ao cortar lenha, segurar a colher corretamente, ou encontrar as coisas em seu quarto em vez de vagar de um lado para o outro, impotente, apalpando mentalmente cada objeto, como se fosse um homem com os olhos vendados buscando seu caminho através do espaço? O que é que causava essas "peculiaridades espaciais" a que ele se refere tantas vezes?

O problema não é que ele deixasse de ver um objeto. Ele o reconhecia, sabia para que servia e como usá-lo. Mas era completamente diferente quando tentava orientar-se no espaço, distinguir direita de esquerda, ou avaliar a distância e a relação entre dois objetos.

Essas "peculiaridades espaciais" tornaram-se evidentes para ele quando ainda se encontrava no hospital. Se saía de seu quarto, era incapaz de encontrar o caminho de volta, sem saber se virava para a esquerda ou para a direita naquele longo corredor do hospital. E o que significavam para ele "direita" e "esquerda"? Antes, a diferença teria sido óbvia, mas a partir do momento em que foi ferido todas essas distinções haviam desaparecido. Ele tinha que cavocar o cérebro em busca da solução de coisas simples, como se fossem problemas algébricos complexos para os quais se precisa de métodos experimentados e testados. Como esses métodos ainda não se haviam tornado claros para ele, escrevia repetidamente sobre seus problemas em seu diário. Os trechos que se seguem tratam dos períodos em que esteve em hospitais e sanatórios.

> Quando saía do banheiro, esquecia o caminho que tinha que fazer para voltar ao meu quarto. Então, simplesmente começava a caminhar, movendo-me lentamente de um lado para outro. De repente, batia meu lado direito contra a porta – coisa que nunca fizera antes. Ficava admirado que aquilo tivesse acontecido. Provavelmente era porque me esquecera do caminho de volta e estava confuso. Tentava imaginar onde ficava meu quarto, olhava em volta por todo lado, mas não conseguia perceber a disposição das coisas e decidir o caminho a seguir.
>
> Virava em outra direção e caía, porque ficava confuso de novo e não sabia por qual caminho ir. Subitamente, ocor-

riam-me as palavras *direita, esquerda, para trás, para frente, em cima* e *embaixo*, mas não ajudavam em nada, uma vez que, de fato, eu não compreendia o que queriam dizer. Um minuto depois, lembrava-me também das palavras *sul, norte, leste* e *oeste*. Mas quando tentava imaginar a relação que havia entre duas quaisquer dessas palavras, ficava perdido. Não compreendia se *norte* e *sul* significavam áreas que estavam lado a lado ou exatamente opostas. Até mesmo esquecia que direção norte e sul indicavam. Mas então alguém me chamava. De saída, não tinha consciência de estar sendo chamado, mas quando o companheiro repetia meu nome algumas vezes, eu olhava em volta para ver quem era. Finalmente, via um paciente que se aproximava e acenava para mim.

Quando saía para passear, acontecia a mesma coisa. Esquecia onde era nosso prédio, em que direção tinha que caminhar para voltar. Olhava para o sol, mas não conseguia me lembrar onde ele deveria estar naquela hora do dia – se à minha direita ou esquerda. Já tinha esquecido como chegara até aquele lugar e a direção a tomar para voltar, mesmo que tivesse me afastado apenas uma curta distância do prédio. O hospital era rodeado por enormes coníferas, a pouca distância havia um lago e, depois disso, nada mais do que uma floresta fechada. Que é que eu ia fazer? Como iria me arranjar?

Acontecia a mesma coisa quando foi ser examinado por um oculista:

A médica apontou a figura de um semicírculo e me perguntou em que direção ele estava virado. Olhei para ela mas não respondi, pois não compreendi a pergunta. Ela começou a se aborrecer: "Por que você não responde? Para que direção o semicírculo está apontado – para a direita ou para a esquerda?" Quando afinal entendi o que ela estava perguntando, olhei para o semicírculo mas não consegui decidir, uma vez que não sabia o que queria dizer "esquerda" ou "direita". Parece que desde que fui ferido não consigo mais compreender essas expressões.

> Eu podia ver aquele anel (o círculo com um lado faltando). Era tão evidente que não se podia deixar de perceber. Mas não compreendia a pergunta da médica. Ela foi se impacientando comigo e repetiu a pergunta novamente. Eu só ficava sentado ali olhando para a figura, mas não era capaz de responder-lhe pois não sabia o que as palavras significavam. Uma vez mais tive de lhe dizer que não sabia. Mas ela não acreditava em mim, pensava que eu estava fingindo. Então ela pegou o ponteiro e mostrou uma figura muito maior. Porém, de novo, eu não sabia o que dizer. É estranho, mas simplesmente não consigo captar coisas simples como essas.

Esses problemas também ocorriam em suas reações a sons. Quando alguém o chamava no corredor do hospital, era incapaz de dizer de que direção vinha o som, pois estava muito desorientado, auditiva e visualmente. Óbvio que seus problemas tinham origem em algo mais profundo e mais abrangente do que uma mera deficiência visual.

Embora ele já tivesse vivido problemas de orientação espacial no hospital, foi incomparavelmente mais difícil para ele quando teve alta e foi mandado para casa. Algumas das páginas de seu diário descrevem sua viagem do hospital para casa. Uma enfermeira o acompanhou até a estação ferroviária onde devia tomar o trem para Tula. Quando ela o deixou, ficou pensando como iria se arranjar, a quem recorreria se precisasse de ajuda.

> Assim que a enfermeira me deixou na estação, senti-me muito desconfortável e olhei em torno para me orientar, decidir de que lado da estação devia ficar para pegar meu trem. Estava sentado na Estação Ferroviária de Kursk, numa sala especial para soldados feridos. Ninguém fora designado para me acompanhar até em casa, e não sei se alguém deveria ter sido, uma vez que eu podia andar e conseguia pelo menos me fazer entender. Achava mesmo que não teria qualquer problema em ir para casa sozinho, uma vez que havia viajado de trem muitas vezes antes de ter sido ferido. Mas quando percebi que passagei-

> ros chegavam e outros deixavam a estação, enquanto eu continuava ali sentado, subitamente me levantei e comecei a andar nervosamente para lá e para cá carregando minha pequena valise.
>
> Eu estava completamente confuso, não sabia aonde ir, como tomar meu trem. Estava tão perturbado que fiquei completamente incoerente. Subitamente, um entranho sentimento de desconforto a respeito de meu bem-estar pessoal tomou conta de mim. Nada à minha volta fazia qualquer sentido naquele momento, sentia-me absolutamente desamparado. Afinal, tive bom senso suficiente para me dirigir a uma mulher de uniforme com uma insígnia da ferrovia sobre a manga. Tentei dizer-lhe que tinha que tomar o trem para Tula, mas gaguejei tanto e não conseguia me lembrar das poucas palavras de que precisava e mordi os lábios desesperado. Quando ela viu o quanto eu estava incoerente, perguntou-me se eu havia sido ferido. "Na...na...na cabeça", foi só o que pude dizer. Assim que compreendeu, ela não me fez mais perguntas mas conduziu-me a outra mulher que me mostrou onde eu deveria tomar o trem para Tula.

Finalmente, chegava a sua cidade natal, o lugar em que freqüentara a escola e, durante muitos anos, havia conhecido tão bem cada quarteirão. Contudo, também ali, viu-se num mundo completamente estranho e desconhecido:

> Desci do trem em Tula e tinha de me deslocar a uma outra estação para tomar um bonde para o outro lado da cidade. Por alguma razão, os bondes não chegavam e eu resolvi ir a pé – não era longe, não mais do que dois ou três quilômetros da estação. Mas aconteceu algo estranho. Era como se simplesmente não reconhecesse Tula, nenhuma das ruas, avenidas, paradas de bonde, ou estradas. No entanto, muito pouco tempo atrás, logo antes da guerra, passara três anos ali num instituto politécnico. E, assim de repente, ela me parecia um lugar completamente diferente. Como ia encontrar o caminho para che-

gar à outra estação? Até mesmo para mim aquilo parecia ridículo, mas também era terrivelmente deprimente.

Seria possível que não podia mais reconhecer a cidade devido àquele ferimento? Era estranho mas, diabos, era verdade. Tentei lembrar-me de algumas das ruas de Tula que conhecera tão bem, mas nenhuma delas me veio à mente. Por alguma razão, esquecera todo aquele lugar. Fui caminhando, tentando me lembrar de onde era a Estação Ryazhsky. Finalmente, alguém me indicou como chegar lá. Parecia estranho que tivesse esquecido o caminho, uma vez que, afinal de contas, Tula não é uma cidade grande.

Contudo, eu já me esquecera do nome da estação onde queria chegar. Boa coisa foi a enfermeira ter tido a idéia de me dar um pedaço de papel com meu endereço e o caminho para nosso bairro na cidade. Gastei um tempo enorme esperando na Estação Ferroviária de Tula. Aí, alguém me aconselhou a tomar o trem que estava partindo do entroncamento ferroviário. Mas aconteceu que ainda tive que mudar de trem duas vezes depois disso. Eu ficava pedindo informação às pessoas, porque tinha medo de perder o ponto de descer.

Quando afinal saiu do trem, sua casa era bem perto dali. E embora tivesse passado por aqueles quarteirões milhares de vezes, eles lhe pareceram inteiramente desconhecidos. Simplesmente não reconheceu o lugar, não sabia por onde ir:

Tentei calcular pelo sol quais eram as direções norte, sul, leste e oeste, mas simplesmente não consegui. Tinha dificuldade até em compreender onde o sol devia estar naquele momento – se à esquerda ou à direita. Confundi leste com oeste e não consegui me lembrar do que essas palavras significavam. Quando alguém passou, perguntei como chegar a Kazanovka. Mas ela simplesmente sorriu e continuou andando, uma vez que o residencial/povoado [*settlement*] era ali mesmo – podia-se en-

> xergá-lo através da cerca. Eu ainda não conseguia acreditar nisso e perguntei a outra pessoa. "Veja você mesmo", ela disse, "é aí mesmo!" E efetivamente, quando olhei em torno, reconheci as casas de Kazanovka. É tão esquisito – simplesmente não consigo orientar-me, simplesmente não tenho senso do espaço.

Finalmente, voltou a Kazanovka (posteriormente denominada Kimovsk), o pequeno povoado [*settlement*] em que nascera, crescera e onde conhecia todo o mundo. Contudo, uma vez mais, era atormentado por aquelas "peculiaridades espaciais" – tudo lhe parecia estranho, desconhecido. Como iria orientar-se em sua cidade natal se não a reconhecia mais?

> Durante dias e meses depois de ter voltado, não conseguia me acostumar com meu próprio bairro. Bastava me afastar um pouco de casa e já não reconhecia minha própria casa. Para mim, todas as casas pareciam iguais e eu tinha medo de estar perdido.

Os anos se passavam mas essas "peculiaridades espaciais" persistiam. Ele ainda não conseguia se orientar naquele pequeno povoado.

> Já estou vivendo há quase dois anos em minha casa, mas quando saio para passear ainda não consigo lembrar-me das ruas, nem mesmo das mais próximas. Embora a cidade seja tão pequena que, em uma hora, se vai de uma extremidade à outra, ela é construída de maneira atrapalhada, seu traçado arquitetônico não faz sentido para mim. Por isso é que fico preso àqueles dois ou três quarteirões e sempre caminho pelos que são perto da Rua Parkova. E, mais ainda, fico cansado muito depressa e me esqueço de tudo. Também tenho medo que aqueles acessos possam vir de repente, especialmente os graves ataques que me fazem tão mal que depois fico de cama durante dias. Assim, em geral não me afasto muito de casa, mas ainda assim tenho dificuldade para me lembrar dos nomes das ruas e alamedas próximas por onde caminho todo dia. Quanto a alguns dos outros blocos e bairros de Kimovsk, que também são muito bonitos, não adianta

eu tentar lembrar deles, pois meu ferimento apagou muita coisa que não consigo de modo algum lembrar deles.

Seus problemas aumentaram alguns anos depois, quando sua família se mudou para uma casa de dois pavimentos, num local muito agradável a pequena distância de uma área lindamente arborizada.

> Durante os primeiros dias e semanas depois de nos mudarmos para o novo lugar, não consegui me acostumar a ele, não consegui me orientar. Assim, simplesmente não saía de casa naquela época. Para ir ao Clube dos Mineiros – que fica distante apenas três casas da nossa – tudo que tenho que fazer é atravessar um pequeno quarteirão (Octyabraskaya). Mas se vou até lá, não consigo me lembrar de como chegar em casa. Não apenas me esqueço de onde fica nosso apartamento, mas também o nome de meu quarteirão. Foi assim ruim que ficou minha memória desde que fui ferido. Tenho sempre que levar comigo um caderninho onde anoto meu endereço e número do apartamento, para o caso de me perder.

Desde que seu cérebro danificado estilhaçou seu mundo, ele acha difícil fazer o que antes fora tão simples – ler um mapa, ou analisar um desenho mecânico. Como chefe de pelotão, tivera muita experiência na leitura de mapas e os desenhos mecânicos eram assunto de rotina no instituto politécnico. Agora, porém, as tarefas mais simples deixam-no desamparado:

> Recentemente, minha família comprou um fogareiro a querosene com um forno. Ele veio com um livreto de instruções que continha diagramas mostrando como funcionava cada peça. Passei muitas semanas tentando decifrar aquele fogareiro, mas não conseguia entender muitas das partes ou quais delas estavam ilustradas nos diagramas. Levei muito tempo para decidir como introduzir o pavio e acendê-lo. Estava convencido de que o forno não funcionava direito, que estava com defeito.
>
> Sempre que tento analisar alguma coisa e tenho que me concentrar por muito tempo, a tensão de enfrentar coisas

> que não são claras tornam-me ansioso e perturbado. Como isso pode facilmente desencadear um ataque, deixei de tentar ler livros ou sobrecarregar minha mente com idéias demais.

Em suma, o fragmento de projétil que entrou em seu cérebro foi tão devastador para seu mundo que ele não tinha mais senso algum de espaço, não conseguia avaliar a relação entre as coisas, e percebia o mundo como se estivesse fragmentado em milhares de partes distintas. Como ele diz, o espaço "não fazia sentido"; ele temia isso, pois carecia de estabilidade.

> Depois que fui ferido, simplesmente não conseguia compreender o espaço, tinha medo dele. Ainda agora, quando estou sentado à mesa com alguns objetos sobre ela, tenho medo de esticar o braço e tocá-los.

Leitura

O mundo não lhe parecia mais "estável", havia se desintegrado. Mas seu problema não terminava aí. Como indicam os trechos de seu diário, embora tivesse sido aluno de quarta série num instituto politécnico, agora era analfabeto. Essa revelação súbita ocorreu assim que pôde sair de seu quarto e caminhar pelo hospital.

> Fui até o salão em busca de um banheiro que me disseram que era na primeira porta. Cheguei e olhei a placa na porta. Mas embora ficasse muito tempo olhando para ela e examinando as letras, não consegui ler nada. Algumas letras esquisitas, estranhas, estavam impressas ali – o que mais me incomodava é que não eram russas. Quando um paciente passou, mostrei a placa e perguntei-lhe o que era ali. "É o banheiro dos homens", respondeu. "O que há com você, você não sabe ler?"

> Fiquei ali como se estivesse pregado no chão, simplesmente incapaz de compreender por que não conseguia ler aquela placa. Afinal de contas, eu sabia bem, não estava cego. Mas por que ela estava escrita num alfabeto

> estrangeiro? Será que alguém estava me pregando uma peça – em mim, um homem doente?
>
> Tentei decifrá-la de novo... e... aconteceu a mesma coisa! Dirigi-me a outra porta e olhei a placa que havia ali. Havia algo escrito, mas também não era em russo. Olhei para a placa e pensei: deve ser o banheiro das mulheres, tem que ser isso. A seguir, voltei outra vez para a placa da primeira porta e ela continuou me parecendo estranha e incompreensível. Durante muito tempo fiquei olhando para as duas placas que, evidentemente, designavam os banheiros masculino e feminino que me haviam dito que eram ali. Mas como dizer qual deles era qual.

O choque dessa revelação ficou mais forte quando ele foi ao oculista para examinar a vista.

> A médica dos olhos mandou-me sentar, acendeu uma luzinha e me disse para olhar para um cartaz onde havia letras de diversos tamanhos. Com um ponteiro, ela indicou uma letra mais ou menos no meio do cartaz. Eu via uma letra ali mas não sabia qual era e, então, simplesmente não respondi. Não disse nada, porque não sabia qual letra era aquela. A doutora ficou impaciente e perguntou: "Por que você não diz nada?" Finalmente me ocorreu que devia dizer-lhe que não conhecia aquela letra. Irritada, mas parecendo espantada, ela disse: "Como pode alguém de sua idade ainda ser analfabeto?"
>
> Quando olho para uma letra, ela me parece desconhecida e estranha. Mas se forço a memória e digo o alfabeto todo em voz alta, daí sim consigo lembrar-me de que letra se trata.

Liam o jornal para ele e ele gostava de escutar, pois isso o colocava de novo em contato com a vida. Mas quando pegava o jornal para olhar, ficava chocado:

> Que diabo era aquilo? As letras me pareciam estranhas e eu pensava que provavelmente aquele não era um jornal

russo. Mas quando olhava para o nome do jornal na primeira página, o tipo era bem grande e me parecia familiar. E eu não podia compreender por que não era impresso em russo. Pensava que podia ser um jornal de uma das repúblicas soviéticas. No entanto, o comandante da companhia lia para nós em russo. Eu o interrompi e perguntei: "Esse jornal... como se chama? Ele é... ele é russo?" Ele quase riu, mas quando percebeu as faixas na minha cabeça, respondeu: "Claro, é o *Pravda*. Você consegue ver que está impresso em russo, não consegue?"

Tornei a olhar a primeira página, mas não consegui ler o nome do jornal, embora pudesse ver que a impressão era enorme e parecia com a palavra *Pravda*. Mas por que eu não conseguia ler? Para me consolar pensei que talvez ainda estivesse dormindo e sonhando tudo aquilo. Certamente, eu não podia estar tão mal assim que não pudesse mais ler. Impossível!

De repente me levantei, olhei o jornal e imediatamente vi uma fotografia de Lênin e fiquei muito contente em reconhecer aquele rosto conhecido. Porém, não consegui ler nada do que estava impresso, nem mesmo os tipos maiores da palavra *Pravda* – simplesmente não consegui reconhecer nada daquilo. Alguma coisa está muito estranha, pensei. Naquele momento, a idéia de que meu ferimento na cabeça me tornara ignorante e analfabeto não se registrou. Seria possível que não pudesse mais ler russo – nem mesmo as palavras como Lênin e *Pravda*? Alguma coisa estava errada. Era ridículo.

Ficou perplexo e, durante muito tempo, recusava-se a crer que não podia mais ler.

Como é horrível não conseguir mais ler. Só lendo é que alguém aprende e compreende as coisas, começa a ter alguma idéia sobre o mundo em que vive e enxerga as coisas de que nunca se dera conta antes. Aprender a ler significa possuir algum poder mágico e, subitamente, eu o perdera. Sentia-me um desgraçado, terrivelmente aborrecido com isso.

Mas recusou-se a permanecer incapacitado. Simplesmente teria de começar do início e aprender a ler. Era esquisito ter que estudar para se tornar de novo alfabetizado, mas foi exatamente o que fez.

Outra vez aluno

Designaram uma professora para ele e um livro de leitura que tinha a função específica de ajudar os pacientes com danos no cérebro, como ele, a recuperar sua capacidade de falar e de ler. Ele ficou desconcertado com tudo isso, mas determinado a aprender.

> No dia seguinte, sentei-me humildemente ao lado de uma professora. Ela ia mostrando o alfabeto russo enquanto eu ficava ali, olhando, com aquele sorriso idiota no rosto. Olhava para uma letra e não a reconhecia. O que ia fazer com tudo isso? Tinha aprendido tudo aquilo muito tempo atrás – e não só russo, mas alemão e inglês. E, de repente, não conseguia ler uma única letra russa, para não falar em alfabetos estrangeiros. Impossível, eu pensava, isso deve ser sonho. Tinha que ser. E novamente aparecia aquele sorriso estúpido de descrença, expressão que durou muitos anos, pois me sentia dilacerado por sentimentos contraditórios. Subitamente, pensei que não estava sonhando. Mas se tudo aquilo estava realmente acontecendo, eu tinha que andar depressa e aprender a falar, ler e escrever de novo, para poder me tornar a pessoa que era antes da guerra, antes de meu ferimento.

Suas aulas eram difíceis, porque teve que começar do zero.

> Minha terapeuta, O.P., mostrava uma letra e me perguntava qual era. Por um instante aquele sorriso tolo quase desaparecia de meu rosto, pois eu tinha que me concentrar e dar alguma resposta. Na terceira aula, consegui me lembrar das letras "m" e "a", embora a "m" não conseguisse lembrar imediatamente. Quando tentava me lembrar de alguma coisa, minha mente parecia vazia, completamente em branco.

Progrediu muito lentamente. Cada etapa exigia um esforço a mais, pois constantemente precisava descobrir novas maneiras de entender as letras e de ser capaz de lembrá-las.

> Associei a letra "z" com meu sobrenome – Zasetsky; as letras "zh" e "sh" [em russo: Ж e Ш] com os nomes de minha irmã e do meu irmão – Zhenya e Shura. Claro que minha professora aprovou esse modo de associar letras com nomes, pois percebeu que eu progredia mais rapidamente. Mas havia algumas letras de que simplesmente não conseguia me lembrar, uma vez que não encontrava palavras adequadas com as quais associá-las. Pensava numa palavra, mas um minuto depois era humanamente impossível conseguir lembrar-me dela. Havia três letras, especialmente, de que tinha dificuldade de me lembrar – "s", "k" e "m". Mais tarde, porém, lembrei da palavra *krov* ["sangue"] que me vinha à mente tão freqüentemente que não era possível que a esquecesse. Concentrei-me nessa palavra e logo comecei a associar a letra "k" com ela e me lembrava dela toda vez. Depois, fiz a mesma coisa com a letra "s" – associada à palavra *son* ["sono"]. Como penso nessa palavra toda noite quando vou me deitar, logo me lembrava da letra "s". Antes, jamais conseguia me lembrar dela. Quando tentei pensar numa boa palavra com a qual me lembrar da letra "t", subitamente me lembrei do nome de minha irmã – Tamara.
>
> Assim, fui progredindo aos poucos, descobrindo palavras que funcionassem como lembretes. Mas às vezes só conseguia me lembrar delas por um minuto ou dois antes que elas fugissem completamente de minha mente. Mesmo assim, esse trabalho me ajudou a lembrar de cada vez mais letras do alfabeto. Logo comecei a associar a letra "l" a Lênin, "ts" a tsar, "zh" a Zhenya e "sh" a Shura. Minha professora sugeriu que eu tentasse associar a letra "k" com *koshka* ["gato"], "s" com *stol* ["mesa"] e "t" com tom ["volume"].

Em breve, fez uma nova descoberta que se mostrou de grande ajuda para ele. Revelou-se que ele podia também lembrar-se das letras recitando o alfabeto em voz alta como fazia quando criança, utilizando-se de uma antiga habilidade oral-motora, em vez de tentar visualizar cada letra. Esse método foi possível porque requeria uma faculdade que não havia sido danificada por seu ferimento (só fora afetada a parte do córtex responsável por aferir relações espaciais, não as funções verbal-motoras). Então, começou a aplicar esse método de aprendizagem.

> Nessa época, conseguia lembrar-me de grande número de letras associando-as a diferentes palavras, mas quando tentava visualizar determinada letra – o "k", por exemplo – ou encontrar uma palavra para ela, precisava de um bom tempo para reconhecê-la e indicá-la para minha professora. Subitamente, lembrava-me da letra, passava os olhos pelas letras do alfabeto e praticamente gritava quando chegava na letra "k".

> Depois de alguns meses, consegui lembrar-me de todo o alfabeto. Contudo, ainda não conseguia identificar nenhuma das letras imediatamente. Quando a professora me pedia que mostrasse a letra "k", eu tinha que pensar por algum tempo e recitar o alfabeto até chegar no "k"! Por alguma razão eu ainda sabia recitar o alfabeto e podia passar por ele sem dificuldade.

Logo começou a ler, ainda que seu campo visual fosse tão limitado que não conseguia enxergar toda uma palavra de um só golpe de vista, mas tinha que ler letra por letra, o que exigia demais da memória para reconhecer cada uma delas e não deixar que fugisse de sua mente quando passava para a seguinte.

> Quando tento ler um livro, o máximo que consigo reter são três letras ao mesmo tempo (no começo, conseguia ver uma só). Também tenho que centrar minha vista um pouco à direita e acima da letra para enxergá-la. É desse modo que faço para enxergar uma letra, embora não consiga me lembrar imediatamente como dizê-la. Minha

memória parece estar bloqueada, como se nela houvesse uma espécie de trava.

Eu lia palavras impressas letra por letra. Quando comecei a ler de novo, muitas vezes não conseguia reconhecer uma letra de saída e tinha que repassar o alfabeto até encontrá-la. Mais tarde passei a fazer isso cada vez menos e tentava eu mesmo me lembrar dela – esperava até que ela viesse. Muitas vezes, depois de ter decifrado as letras de uma palavra, esquecia-me da palavra e tinha que ler de novo cada uma das letras para compreender. Às vezes, eu lia um texto e não compreendia nada dele – simplesmente passava os olhos por ele. Quando quero compreender uma palavra, tenho que esperar até que o sentido me venha à mente. Só depois de ler uma palavra e compreendê-la é que posso passar para a seguinte e, depois, para a terceira. Quando chego à terceira palavra, muitas vezes esqueço o significado da primeira e, às vezes, até da segunda palavra. Por mais esforço que faça, simplesmente não consigo me lembrar.

Tenho que ler as palavras uma por uma até captar o sentido – leio uma palavra, compreendo-a, depois vou para a seguinte, depois para a terceira. Também tenho que parar na quarta letra de cada palavra, porque muito embora consiga vê-la e saber como se pronuncia, já me esqueci das primeiras três letras. Enquanto estou olhando para a quarta letra, ainda consigo ver a segunda e a terceira, mas não a primeira letra da palavra, que fica completamente embaçada.

E assim começou ele a ler letra a letra, palavra a palavra, durante todo o tempo temendo que uma letra que acabara de reconhecer lhe fugisse ou que uma palavra fosse imediatamente esquecida.

Começava a ler um capítulo de um livro que alguém indicara, indo de letra em letra, de sílaba em sílaba, de palavra em palavra. Mas lia tão devagar que ficava irritado. E mais ainda, um dos olhos (especialmente o direito) parecia atrapalhar o outro – meus olhos centravam-se para um lado, apagando uma letra que eu estava olhando. Eu tentava encontrar a letra ou palavra que acabara de perder no texto e me apressava, sabendo que estava perdendo tempo. Porém, esquecia-me de onde havia parado de ler – em qual palavra ou letra.

Nos últimos meses, tornou-se para mim ainda mais difícil ler um jornal ou livro. Por que me meti em mais problemas? Digamos que estou lendo um capítulo – não consigo chegar sequer à metade dele. Teria sido mais simples se apenas gastasse algum tempo tentando lembrar-me de determinadas palavras – como *eclipse* ou *sol* ou *lua*...

Com o passar dos anos, ele continuou lendo, tentando reconhecer as letras, ligar cada letra à seguinte, e não esquecê-las. Mas o problema não ficou mais simples com o tempo, pois surgiram outros obstáculos.

Durante os últimos anos, tenho tido um grande bloqueio para ler e meu ritmo tornou-se ainda mais lento. E, ainda mais, as letras parecem fugir de meu campo de visão cada vez com maior freqüência. Certa vez (2 de maio de 1967) quando eu estava lendo e olhando para uma certa letra (primeiro, com o olho esquerdo, depois, com o direito), reparei que não conseguia ver com o olho direito. A letra parecia muito pequena (duas ou três vezes menor do que parecia ao olho esquerdo que tinha visão quase normal). Eu não conseguia decifrar que letra era aquela. Ela estava tão enevoada e tão pequena que era penoso olhar para ela.

Foi um esforço incrível que ele fez para aprender a ler. Terá ele tido mais sorte em sua tentativa de aprender a escrever?

Escrita, o momento decisivo

De início, escrever foi tão difícil quanto ler e talvez ainda mais. Ele se esquecera de como segurar o lápis ou traçar as letras. Era completamente incapaz.

> Eu tinha me esquecido de como usar um lápis. Eu o revirava de um lado para outro, mas simplesmente não conseguia começar a escrever. Ensinaram-me como segurá-lo e me pediram para escrever alguma coisa. Mas quando segurei o lápis, não consegui fazer nada mais do que traçar algumas linhas tortas sobre o papel. Olhei para o lápis e para o papel e finalmente movi o lápis pelo papel. Mas olhando a linha que eu fizera, era impossível dizer onde ela começava. Era algo que se parecia com os rabiscos de uma criança que ainda não tinha aprendido o alfabeto. Era engraçado, mas também esquisito que eu tivesse feito aquilo. Por que o fizera? Houve tempo em que eu sabia ler e escrever bem – e rapidamente. Comecei a pensar que devia estar sonhando novamente, era só o que podia pensar a respeito. E tornei a olhar para minha professora com aquele sorriso idiota.

Porém, a descoberta que ele fez certo dia representou o momento decisivo: escrever podia ser uma coisa muito simples. De início, procedera exatamente como fazem as crianças pequenas quando começam a aprender a escrever – procurava visualizar cada letra para traçá-la. Contudo ele havia escrito durante quase vinte anos e assim não precisava empregar os mesmos métodos das crianças, pensar em cada letra e pensar sobre cada movimento a fazer. Para os adultos, a escrita é uma habilidade automática, uma série de movimentos incorporados que eu chamo de "melodias cinéticas". Assim, por que não poderia ele tentar usar as habilidades de que ainda dispunha? Afinal de contas, seu ferimento havia lesado sua capacidade de ver e de orientar-se espacialmente, mas não afetara suas funções cinético-motoras.

Ele se lembrava muito bem desse dia e freqüentemente o mencionou em seu diário. Embora fosse uma descoberta tão simples quanto essa, mudou sua vida completamente:

> No começo, eu tinha muita dificuldade para escrever – isto é, mesmo depois de julgar que conhecia as letras, não conseguia me lembrar como elas eram traçadas.

> Toda vez que eu queria pensar numa determinada letra, tinha que percorrer todo o alfabeto até encontrá-la. Mas certo dia um médico que eu passara a conhecer muito bem, pois era sempre muito informal comigo e com os outros pacientes, falou para eu escrever automaticamente – sem levantar a mão do papel. Fiquei espantado e perguntei várias vezes para ele antes de poder começar. Finalmente, peguei o lápis e depois de repetir a palavra *krov* ["sangue"] algumas vezes, eu a escrevi rapidamente. Tive dificuldade de saber o que havia escrito, uma vez que ainda tinha dificuldades para ler – até o que eu mesmo escrevia.

E desse modo começou a escrever. Já não precisava mais sofrer de letra em letra, tentando lembrar-se de como ela era traçada. Conseguia escrever espontaneamente, sem pensar.

> Resultou que eu só conseguia escrever certas palavras automaticamente – palavras curtas, mas não palavras como *rasporyadok* ["arranjo"] e *krokodil* ["crocodilo"], etc. Mas ainda assim, depois que o médico me mostrou como escrever rapidamente, automaticamente, e não de letra em letra, fui capaz de escrever uma palavra atrás da outra sem ter que pensar a respeito. Quando chego a uma palavra como *rasporyadok* ou outras ainda mais compridas, tenho que dividi-las em sílabas. Mas mesmo isso é uma enorme conquista para mim, uma grande ajuda para desenvolver minha memória. Fiquei muito agradecido por isso ao médico e a minha terapeuta O.P. Três meses depois de chegar a K. eu já conseguia escrever desse jeito, ainda que não pudesse ler minha própria escrita.

Com o passar dos anos, sua descoberta frutificou. Apesar das dificuldades, dos erros, e dos problemas que tinha para decifrar seu próprio manuscrito, conseguia escrever e isso teve um grande significado.

> Depois de intenso treinamento, aprendi a ler e escrever em seis meses. A escrita veio muito mais depressa (escrevo mais ou menos tão bem quanto antes de ter sido

ferido), mas não fui igualmente bem na leitura. Ainda tenho que dividir as palavras em sílabas e letras – minha capacidade de ler não foi além disso.

Mas aprendi a escrever automaticamente e assim que me lembro de uma palavra consigo escrevê-la – com rapidez e facilidade. Na verdade, muitas vezes preciso parar e pensar na primeira letra, mas quando ela me vem não tenho dificuldade em escrevê-la. Contudo, muitas vezes percebo que engulo ou perco letras, ou faço confusão entre as que possuem som semelhante – como "k" e "kh", "z" e "s", etc. Ou, ainda, troco uma letra que já usei numa palavra e escrevo *zozoto* em vez de *zoloto*. Freqüentemente me esqueço de usar os sinais de pontuação, pois já não me lembro mais das regras para eles. Lembro de usar o ponto-final depois de uma sentença, mas o mais das vezes escrevo sentenças muito curtas formadas de várias palavras unidas pelas conjunções "e" e "mas". Mas ainda tenho dificuldade para ler e compreender o que eu mesmo escrevo.

O problema da leitura não diminuiu. Ele lia devagar, dividindo as palavras em letras e sílabas, encontrando novos obstáculos a cada vez, porque a parte do córtex que controla o funcionamento da visão fora gravemente danificado por seu ferimento. Não obstante, conseguia escrever automaticamente, ainda que precisasse cavocar o cérebro em busca de palavras e idéias com que se expressar.

Quando olho para uma palavra como *golovokruzheniye* ["vertigem"], simplesmente não consigo compreendê-la. Todas as letras – e até mesmo partes da palavra – são tão sem sentido para mim como seriam para uma criança que jamais tivesse visto uma cartilha ou um alfabeto. Mas logo alguma coisa começa a despertar em minha mente. Olho para a primeira letra ("g") e espero até me lembrar de como ela se pronuncia. Depois, passo para a letra "o" e pronuncio a sílaba completa. A seguir, procuro juntá-la à sílaba seguinte ("go-lo"). Dou uma olhada para a letra seguinte ("v"), espero um pouco e, a seguir, olho rapidamente para a letra "o". Enquanto olho para essa letra, as duas letras à esquerda dela escapam da minha vista – isto é, vejo apenas a letra "o" e duas das letras à esquerda. Mas as duas ou três primeiras letras da palavra ("go-l") não são mais visíveis. Para ser mais exato, a essa altura vejo apenas uma névoa cinzenta na qual pingos, traços e pequenos objetos parecem deslocar-se e oscilar de um lado para outro.

Ele resolveu escrever um diário descrevendo o terrível abismo em que fora lançado por seu ferimento e a luta que representou para ele recuperar o que havia perdido.

"História de um terrível ferimento no cérebro"

Ele trabalhou em seu diário todos os dias durante vinte e cinco anos, procurando as palavras com as quais se expressar, muitas vezes consumindo um dia inteiro para escrever nada mais que meia página. Batizou seu diário de "História de um terrível ferimento no cérebro", mas posteriormente mudou o nome para "Eu lutarei". Esse trabalho não resultou no fim de seu desespero, mas a esperança que o levara a escrever fez com que fosse em frente.

Embora aprendesse a escrever depressa e automaticamente, isso estava muito longe de ser capaz de expressar suas idéias pela escrita. Para fazê-lo, precisava de palavras e elas não vinham facilmente: precisava dar tratos à bola para construir uma sentença que transmitisse sua idéia. No começo, não sabia como começar ou como unir uma sentença a outra. Lutava durante semanas, pedia ajuda, ou tentava encontrar por si mesmo as palavras corretas.

> Levei semanas pensando sobre o que queria escrever e como o faria, mas meu cérebro doente não conseguia lembrar as expressões corretas. Tentei imaginar como se escreve uma carta – principalmente como começar. Perguntei a outras pessoas sobre isso e procurei encontrar algo sobre isso nos livros. Mas de algum modo não conseguia começar e, depois de me preocupar com isso durante vários dias, tive uma dor de cabeça lancinante.

> Para mostrar como eu estava confuso, mandei uma carta à minha família em que dizia: "Saudações de Kazanovka", muito embora ainda estivesse no hospital. Eles de-

vem ter tido um grande choque ao ler aquilo, imaginando que meu cérebro realmente estava perdido e pensando no que ia ser de mim.

Escrevi muito poucas cartas porque realmente não sabia como fazê-lo. Como de costume, tentava escrever automaticamente, sem pensar, mas às vezes não conseguia ler ou compreender o que escrevera e confundia os verbos que usava para juntar as partes das sentenças. Até mesmo para pensar numa carta curta levava um tempo enorme. Alguma força misteriosa me impedia de escrever até mesmo uma carta simples à minha mãe. Por que isso, simplesmente não sei. Mas finalmente cheguei ao ponto em que podia escrever uma carta, ainda que isso me consumisse um dia todo ou mesmo mais de uma semana para que minha cabeça doente a concebesse. Forçava muito meu cérebro para lembrar como se escreve para alguém. E ficava tão esgotado com isso que minha mente funcionava mais lentamente.

Suponhamos que, em vez de escrever uma carta, tentasse contar uma história que haviam lido para ele – uma historieta curta dessas que são lidas a alunos de segundo ano primário. Naturalmente isso era mais simples: as idéias já haviam sido expressas, de modo que não precisava caçar as palavras ou pensar em como começar. No entanto, mesmo isso mostrou ser difícil. Embora o significado fosse claro, as idéias conhecidas, como iria escrever uma sentença quando dificilmente possuía qualquer vocabulário a seu dispor? As sentenças podem ser bastante complicadas, exigem um conhecimento de pontuação e de construção gramatical que lhe era difícil, se não impossível. Frases e orações soltas eram a única coisa que lhe ocorria; entre elas, tinha que selecionar as palavras corretas e procurar compor as sentenças.

Suponhamos que tentasse não repetir uma história, mas descrever o que havia acontecido com ele. Que tal se escrevesse a própria história a respeito de um terrível ferimento no cérebro, descrevesse suas deficiências e sua vida passada e presente, para formular e tornar coerentes os problemas enfrentados por um homem quando seu mundo se desintegra subitamente. Naturalmente, isso seria incomparavelmente mais difícil; ele teria que recolher aquelas recordações fragmentárias, promover um certo sentido de continuidade, e – o mais difícil de tudo – escrever sentenças que combinassem com um relato lógico das coisas. Isso parecia quase impossível, embora ele deva ter considerado que havia alguma chance de êxito ao empreender essa tarefa colossal e exaustiva.

> Pus-me a trabalhar em escrever. Resolvi dedicar partes do diário aos períodos que passei em diferentes hospitais. De início, esses eram os únicos fatos de que eu dispunha. Tentei lembrar de tudo que podia com essa minha memória desmantelada e escrever como uma história de verdade, exatamente como faria um escritor. Mas quando comecei, percebi que jamais seria capaz de fazer isso, uma vez que não me sobrara vocabulário nem cabeça suficientes para escrever bem. Tinha uma ligeira idéia de como descrever o começo do ataque em que eu estava, mas não consegui me lembrar das palavras de que precisava para fazer aquilo. Tentei desencavá-las de minha mente, mas levei séculos em busca das palavras certas. Tinha que lembrar e moldar palavras que eram pelo menos muito parecidas ou bastante próximas do que eu queria dizer. Porém, mesmo depois de haver juntado essas segundas escolhas, não era capaz de começar a escrever enquanto não imaginava como compor uma sentença. Repassava cada sentença por várias vezes em minha mente até que parecesse ser uma sentença que havia ouvido ou lido num livro comum.
>
> Mas era muito difícil escrever. Tinha uma idéia de como descrever o momento em que fui ferido e o período imediatamente a seguir, quando começou minha doença. Finalmente moldei uma boa idéia. Então, comecei a buscar as palavras para descrevê-la e finalmente pensei em duas. Mas quando cheguei à terceira palavra, empaquei. Cavocara meu cérebro tentando lembrar. Espera aí, pensei, eu consegui. Mas antes de conseguir pô-la no

papel, ela se fora, juntamente com as duas outras palavras que levara tanto tempo para lembrar. Procurei desencavar outra idéia e achar palavras que se ajuntassem a ela e as escrevi em vários pedaços de papel antes de incluí-las no meu texto – procurava amarrar as palavras à idéia o mais que podia. Mas que tortura era isso. Sempre me esquecia do que queria escrever, do que acabara de pensar um minuto antes. Os minutos se passavam e eu não era capaz de me lembrar até onde havia chegado.

Assim, antes que pudesse continuar e escrever minha história, tive que anotar diversas palavras para os nomes de objetos, coisas, fenômenos, idéias. Eu as escrevia onde quer que elas me viessem à cabeça. A seguir, tomei as palavras, sentenças e idéias que colecionara desse modo e comecei a escrever minha história num caderno, reagrupando as palavras e sentenças, comparando-as com outras que havia visto em livros. Finalmente, consegui escrever uma sentença que expressava uma idéia que eu tinha para essa história de minha doença.

Quando estava quase certo de que uma sentença fazia sentido, eu a escrevia num pedaço de papel (um jornal ou um bloco). E se estivesse convencido de que ela estava mais ou menos apropriada para ser lida ou ouvida, eu a escrevia em meu caderno. Então, passava para a sentença seguinte, relendo cada vez tudo o que havia escrito, ainda que isso fosse muito difícil para mim. (Só conseguia ler de letra em letra o que eu acabara de escrever automaticamente.) Mas foi assim que consegui ter algumas sentenças escritas. Não podia continuar enquanto não tivesse tornado a ler duas ou três das sentenças anteriores. Tinha que fazer isso para saber o que ia dizer a seguir. De outro modo, simplesmente não conseguia escrever – foi tão ruim assim que ficou minha memória.

Repeti as mesmas coisas muitas e muitas vezes em minha história e pode ser que faça isso de novo, porque estou sempre esquecendo o que escrevi e o que ainda quero dizer. Toda vez que me esqueço de alguma coisa importante, simplesmente não percebo.

Só consigo escrever e conservar na mente um pouco de cada vez. Procuro fortalecer e amarrar essas idéias, de modo que elas finalmente "grudam" na minha mente.

Trabalho nesta história sobre minha doença desde manhã cedo até as cinco da tarde, enquanto minha mãe e minhas irmãs estão fora, trabalhando. Quando elas voltam, tenho que parar, porque moramos num apartamento muito pequeno e o ruído e conversa não me permitem escrever. Preciso estar sozinho para fazê-lo.

Às vezes fico numa só página durante uma semana ou duas. Tenho que pensar sobre ela durante muito tempo, refletindo lentamente sobre o que quero dizer e depois comparando diversos tipos de texto para poder imaginar como me expressar.

Queria demais escrever esta história, mas trabalhei tanto nisso que acabei ficando enjoado – tanto do ferimento de minha cabeça quanto do trabalho inacabável de escrever a respeito dele. Foi uma enorme tensão (ainda é). Trabalho nisso como alguém dominado por uma obsessão.

Tiveram início anos de trabalho exaustivo, no correr dos quais não se tornou mais simples o esforço para expressar-se. Mas ele se resignou a isso e iria sentar-se à sua mesa, diariamente, obstinadamente à busca de palavras, tentando freneticamente captá-las e colocá-las numa sentença antes que a idéia lhe escapasse. E tudo isso ele fazia para escrever apenas dez linhas por dia, uma vez ou outra uma página inteira.

No terceiro ano acrescentei algumas coisas à minha história e resolvi escrever tudo de novo. Exceto que eu observava que minha mente trabalhava cada vez mais lentamente durante esse tempo a ponto de eu não conseguir escrever sequer meia página por dia. Ou então eu passava o dia todo pensando e não chegava a nenhuma das idéias que queria escrever a seguir. Às vezes, passava vários dias pensando sobre elas e ainda assim não escrevia nada. Simplesmente parecia que não tinha a força, a memória, os pensamentos, as idéias – fugiam da minha mente, perdiam-se na amnésia.

Por alguma razão a última parte do meu texto arrastou-se durante meses, e parecia não haver meio de acabá-lo. Tentei terminar esta história três anos após haver começado. Mas de certo modo de um ano para outro fica para mim cada vez mais difícil escrever e lembrar tudo o que aconteceu. Minha cabeça fica sempre mais lerda e esqueço todos os detalhes de minha doença – detalhes de minha vida passada e presente.

Mas não quero desistir. Quero terminar o que comecei. Então sento-me todo dia à mesa suando a cada palavra. Não consigo imaginar nenhum outro modo de resolver minha situação – isto é, nenhum modo para lembrar e expressar o que quero dizer. Às vezes, quando me levanto, tenho que buscar logo uma cadeira, pois subitamente sinto-me muito atordoado. É como se eu tivesse sido virado de cabeça para baixo várias vezes junto com a mesa, a cadeira, o prédio todo – tudo girando à minha volta. Claro que não me sento e trabalho nesta história todos os dias. Se passo um dia inteiro nisso, o dia seguinte (ou dois ou três) minha cabeça dói tanto que muitas vezes tenho que ficar de cama (é mais fácil suportar a dor estando deitado). E às vezes tenho algum serviço a fazer pela casa.

Passaram-se os anos. Pilhas de cadernos se amontoaram sobre sua mesa – no começo, volumes fininhos que ele mesmo montava com papel amarelo, depois, grossos cadernos cinzentos que usou depois de terminar a primeira remessa. Mais tarde, mudou para cadernos ainda maiores de capa impermeável. A essa altura, já escrevera umas mil páginas e, quando terminou outras mil, começou tudo novamente, tentando expressar-se melhor e de maneira mais completa. Começou essa história antes de a guerra acabar e continuou a trabalhar nela durante *vinte e cinco anos*. Dificilmente se poderia dizer que algum outro homem jamais teria gasto anos de um trabalho tão angustiante para reunir 3.000 páginas de um documento que ele não conseguia ler. Por que ele fez isso? Qual a intenção?

Por que ele escrevia?

Ele se fez essa pergunta muitas vezes. Por que se aborrecer com esse trabalho difícil e exaustivo? Ele era necessário? Finalmente, decidiu que era, pois ele não se adaptava a nada mais (não podia ajudar nas coisas da casa, perdia-se quando saía para passear e muitas vezes não compreendia o que lia, ou ouvia no rádio). Essas coisas todas eram demais para ele. Contudo, conseguia tentar pouco a pouco montar os pedaços de seu passado, compará-los e dispô-los em episódios, criar uma visão coerente daquilo que eram sua experiência e desejos. Isso ainda era possível. Então, escrever seu diário, a história de sua vida, dava-lhe alguma razão para viver. Isso era essencial por ser seu único vínculo com a vida, sua única esperança de se recuperar e de se tornar o homem que fora outrora. Se desenvolvesse sua capacidade de pensar, talvez ainda pudesse ser útil, fazer com que sua vida representasse alguma coisa. Reviver o passado era, pois, um modo de tentar assegurar um futuro. Por isso é que empreendeu esse trabalho exaustivo, consumindo horas, dias, anos em busca de suas memórias perdidas.

Pensava também poder ser útil a outros que, compreendendo o dano que um fragmento de projétil ocasiona em um homem (destruindo sua memória, obliterando toda possibilidade de presente, passado e futuro), as pessoas pudessem valorizar o quanto haviam recebido. Assim, sem considerar o quão difícil era para ele escrever, estava plenamente justificado a continuar.

> O que pretendo escrevendo é mostrar o quanto estive, e ainda estou, lutando para recuperar a memória. É uma luta extremamente difícil. Não tive outra opção a não ser

procurar e montar um vocabulário ouvindo rádio, lendo livros, falando com as pessoas, colecionando palavras, frases, sentenças e finalmente escrevendo um relato do que tentara dizer em 1944. Depois daquele estranho, horrível ferimento na cabeça, não poderia fazer nada mais – sequer ler uma gramática ou passar os olhos num livro de física.

Então comecei a escrever. Fiquei tão envolvido com esta mórbida escrita que não arredo pé de casa para um passeio ou para ver um filme. Só fico sentado, tentando escrever esta história, para desenterrar lembranças de meu passado que haviam se perdido, recordar palavras e idéias que são sempre tão difíceis para mim quanto antes. Durante meses a fio, tenho consumido dia após dia para juntar um vocabulário de minha memória dispersa, recolhendo meus pensamentos e passando-os para o papel. Esse é o único modo que tenho conseguido escrever e continuo obrigado a fazer isso.

Esse trabalho tornou-se a coisa mais importante em sua vida – sua razão de viver: escrever sua história e, quem sabe, superar sua doença, retomar sua vida, tornar-se um homem como os demais:

Trabalhando todo dia nesta minha história – mesmo que em pequenos pedaços de cada vez – tinha a esperança de conseguir contar às pessoas sobre essa doença e superá-la.

Venho trabalhando na história de minha doença já há três anos. Escrever e estudar sobre mim mesmo é minha maneira de pensar, de me manter ocupado, de trabalhar em alguma coisa. Isso me tranqüiliza, então continuo. Fazendo isso repetidamente (não sei quantas vezes reescrevi este texto no correr dos anos), minha capacidade de falar melhorou. Realmente falo melhor agora e consigo lembrar-me de palavras que foram dispersas numa miscelânea pelo meu ferimento na cabeça. Pelo treino (mediante o pensamento e a escrita) cheguei ao ponto em que consigo manter uma conversa – pelo menos sobre assuntos simples de todo dia.

Escrever aqui é meu único modo de pensar. Se eu fechar estes cadernos, desistir deles, estarei de novo no deserto, naquele mundo do "sabe-nada", de vazio e amnésia.

Pensei que, talvez, descrevendo aqui minha doença com mais detalhes e lhes fornecendo um registro do que aconteceu, os médicos irão me compreender. E uma vez que compreendam a mim e à minha doença, certamente serão capazes de curá-la. Afinal de contas, quando estava no hospital, eu não era capaz realmente de me lembrar e de contar a eles o que me perturbava, de modo que talvez eles ainda não compreendam que estou sofrendo, uma vez que não consigo lhes fornecer todos os detalhes.

Outra razão para esta história foi que eu queria desenvolver e ampliar minha memória, para acabar com esta afasia. E escrever esta "História sobre minha doença" realmente fez por mim mais do que qualquer outra coisa para ajudar-me a desenvolver a memória e a usar a linguagem, as palavras e os significados. Isso é um fato. Sei que este meu texto pode também ser de muita ajuda aos cientistas que estudam o funcionamento do cérebro e da memória (psicólogos, neurologistas, e outros médicos).

Descrevendo seu infortúnio, ele nos legou não apenas um documento trágico mas também algumas informações inestimáveis. De fato, quem será mais capaz de descrever um evento do que alguém que tenha sido, ele próprio, sua testemunha ocular, participante e vítima? Tendo sido vítima dessa doença, ele se empenhou em investigá-la. A descrição que faz é excepcionalmente clara e detalhada; se o acompanharmos passo a passo, poderemos desvendar alguns dos mistérios do cérebro humano.

"Meu mundo não tem lembranças"

As "peculiaridades" de sua memória, seu rompimento e desintegração, eram o que mais perturbava Zasetsky. Elas pareciam muito próximas da catástrofe.

Nos períodos iniciais após seu ferimento, antes que descobrisse estar analfabeto, sua memória lhe faltava inteiramente: tinha dificuldade em compreender o que as pessoas falavam e não conseguia lembrar-se de uma só palavra. Se tentava pensar em seu nome e sobrenome ou pedir o urinol, sua memória recusava-se a funcionar. Embora fosse fisicamente capaz de falar e pudesse facilmente repetir palavras, não conseguia lembrar-se delas espontaneamente. Via-se diante desse problema toda vez que lhe faziam uma pergunta simples. Via-se diante de um vácuo e tinha que esforçar-se em busca das palavras. Perdera aquilo que é inconfundivelmente humano – a capacidade de usar a linguagem. Poderia haver algo mais devastador do que essa perda da "memória-fala", como ele a chamava? Ele tinha consciência disso desde o início, quando ainda se encontrava no hospital de campo:

> Após o jantar, quando os demais pacientes iam dormir, eu tinha de repente de me aliviar. Para falar com clareza, precisava do urinol. Porém, que coisa complicada para mim era lembrar-me dessa palavra e chamar a enfermeira. Não conseguia de modo algum pensar na palavra urinol, embora a tivesse ouvido muitas vezes e a tivesse às vezes repetido para mim mesmo (depois de ter sido ferido, eu compreendia o que aquela palavra significava). Mas quando tive que pensar nela aquela noite, não consegui. Há sempre alguma coisa bloqueando minha me-

mória das palavras e daquela vez a palavra urinol simplesmente não me vinha.

Vi a enfermeira que passava novamente e quis pedir-lhe que me trouxesse o urinol. Tentei chamar sua atenção dizendo: "É... como é que você diz?... preciso dele..." Mas enquanto eu estava tentando me lembrar da palavra ela já se afastara.

A seguir, vi que ela voltava outra vez, trazendo um urinol para alguém. Assim que pus os olhos naquele objeto de que estava tão precisado, gritei para a enfermeira, chamando-a de irmã, palavra que subitamente surgira em minha mente: "Irmã... eu também... preciso do... o que é isso!" Não consegui lembrar-me da palavra, mas felizmente a enfermeira me entendeu e o trouxe um minuto depois. Quando ela levou embora o urinol, lembrei-me de repente da palavra e a pronunciei. Dei um suspiro de alívio por tê-la encontrado. Porém, alguns minutos depois, quando tentei deliberadamente lembrar-me da palavra, não consegui. Estranho, isso. Simplesmente não compreendo por que tenho esse tipo de problema.

Tentara pensar na palavra antes que tivesse a necessidade daquilo. Fui repassando as palavras que me vinham à mente – médico?... não, sabia que não estava certo... irmã?... (também não conseguia pensar na palavra enfermeira e, em vez dela, usava irmã)... papagaio... não, é – urinol! Subitamente me lembrei de que papagaio ou patinho eram palavras que usávamos para urinol.

De algum modo, também não conseguia me lembrar dos nomes de minha região ou cidade, nem da província de que eu vinha. Parecia que estavam na ponta da língua, mas passava uma hora ou duas, ou um dia inteiro, e nem assim conseguia dar com elas. O companheiro da cama ao lado da minha ofereceu-se para me ajudar a lembrar delas, dizendo os nomes de diversas províncias, regiões, cidades. E também diversos nomes e patronímicos. Depois de ele ter dito algumas, reconheci a palavra Tula – província de Tula, o distrito em que minha família mora. E me senti muito aliviado por ser capaz de dizer esse nome. Meu amigo ficou feliz de saber que eu era de Tula, pois era onde ele morava também.

E quando esse mesmo infatigável companheiro começou a relacionar diversos nomes de mulher, lembrei-me do nome de minha irmã mais velha – Evgenya. Então, ele endereçou um envelope para minha irmã para que pudesse escrever para casa.

Eu costumava passar o tempo todo deitado sobre o lado direito, ou sentando-me por algum tempo, enquanto tentava me lembrar de alguma coisa de meu passado. Não conseguia lembrar-me de nada espontaneamente, enquanto que, quando não estava pensando em nada em especial, algumas palavras me ocorriam junto com as melodias de diversas canções que eu cantarolava para mim mesmo.

Assim começou sua luta para recordar aquilo que havia sido apagado, para aprender palavras e lembrar-se delas para poder comunicar-se novamente com as pessoas. De início, foi difícil, quase impossível. Mais tarde, certas palavras ocorriam a ele e depois frases simples. Contudo, isso não acontecia espontaneamente: exigia dele um esforço considerável lembrar-se delas e não permitir que escapassem de sua mente. Mas depois de um mês o pior já passara. Conseguia novamente falar com as pessoas:

Com o passar do tempo, reuni um vocabulário em sua maioria a partir de imagens visuais e procurava lembrar melhor das palavras e tornar minha memória mais flexível. Eu tinha que partir do zero e aprender a reconhecer os objetos e tentar associá-los a palavras. Eu mesmo não tinha consciência de como essas palavras voltavam à minha mente, mas pouco a pouco algumas coisas de meu ambiente conseguiram registrar-se em minha memória – esse tipo de memória e de compreensão que tenho agora.

Por volta do final do primeiro ou do começo do segundo mês após ter sido ferido, fui cada vez mais me lembrando de coisas a respeito de minha mãe, meu irmão e minhas duas irmãs. Não recordei essas coisas todas imediatamente, mas apenas pouco a pouco. Algumas lembranças de minha mãe, de meu irmão e de uma de minhas irmãs me vieram à mente em momentos diferentes. Esses detalhes me ocorriam de repente, não quando queria me lembrar deles – simplesmente me vinham à cabeça. Pelo final do segundo mês, um dos companheiros de hospital interessou-se por mim e começou a pôr no papel o endereço de minha família – pouco a pouco, à medida que vinham à minha mente. Subitamente, lembrei-me do nome da região de que eu vinha; no dia seguinte ou talvez um dia depois, o nome do povoado/residencial em que morava; a seguir, de repente, lembrei do nome de minha irmã. E a cada vez ele escrevia essas coisas. Finalmente, meu amigo se incumbiu de escrever uma carta a minha família, embora não tivesse o endereço exato, pois eu não conseguira me lembrar do número do meu apartamento, ou do prédio em que morava. Naturalmente, ainda não conseguia me lembrar do sobrenome da minha mãe e da minha irmã mais nova (que era o do segundo marido de minha mãe).

Às vezes, me lembrava do nome de uma cidade, mas em um minuto ou até menos já o esquecia. Às vezes, me lembrava do endereço da região em que morava, mas também o esquecia rapidamente e não conseguia mais lembrá-lo por muito tempo.

Ouvia tudo que as pessoas ao meu redor diziam, e pouco a pouco minha cabeça foi se abarrotando de canções, histórias e trechos de conversa que eu captava. À medida que comecei a me lembrar de palavras e a usá-las para pensar, meu vocabulário se tornou mais flexível.

No começo, não conseguia me lembrar de nenhuma das palavras que queria usar numa carta. Mas finalmente resolvi escrever para casa e rapidamente produzi uma carta – pequena, apenas um bilhete. Era completamente incapaz de ler o que havia escrito e por alguma razão não queria mostrá-lo a nenhum dos pacientes. Para não ficar pensando nisso e acabar ficando perturbado com isso, rapidamente selei o envelope endereçado para minha família e o entreguei para ser posto no correio.

Se tivesse compreendido seu dilema desde o início, sua vida teria sido insuportável. Ao contrário, ele esperava fazer tudo quanto pudesse para "desenvolver" a memória, recuperar cada pedaço de seu passado, analisar e compreender o que lhe havia acontecido. Escrevia com a precisão de alguém que faz uma pesquisa psicológica – alguém que realmente conhece seu campo. Buscava cuidadosamente as expressões certas com que descrever seus problemas e dar forma a suas idéias. Ao fazê-lo, legou-nos uma análise clássica de sua incapacidade. Mais ainda, fez isso sozinho, sem recorrer ao conselho de ninguém. Simplesmente sentava-se sozinho em seu pequeno quarto no povoado/residencial operário de Kimovsk.

Antes de ser ferido, minha memória era ágil e eu conseguia pensar com clareza a respeito de quase todos os assuntos que me interessavam. Depois do ferimento, minha memória parecia estar completamente despedaçada. Havia um espaço de tempo entre minha capacidade de lembrar de uma palavra e compreender o que ela significava. Minha mente não funcionava mais com clareza; era tão confusa quanto minha memória de palavras e significados. A maior parte de minha memória se fora totalmente. Algumas idéias "vinham" a mim somente depois de um enorme esforço, mas outras sequer vinham. De todas as palavras que eu soubera outrora, tudo o que eu tinha sob meu controle eram algumas poucas delas que não pareciam ter qualquer sentido.

Um ou outro pensamento, vago, estranho, incompreensível, irrompia subitamente em minha mente. Eu dava tratos à bola, tentando decifrar seu sentido, mas simplesmente não conseguia. Tentava dizer alguma coisa, mas isso fugia à minha capacidade. Todas as minhas idéias e vocabulário me haviam fugido completamente. Algumas imagens de objetos – coisas materiais – irrompiam em minha mente, surgindo rapidamente e desaparecendo um minuto depois, sendo substituídas por outras imagens que também se desvaneciam. Toda vez que tentava falar ou lembrar alguma coisa era uma luta sem fim em busca das palavras. Ainda agora, não consigo pensar determinadas palavras quando quero falar ou pensar a respeito de alguma coisa.

Devido a meu constante fracasso em lembrar das palavras e idéias ou em compreender as coisas, é impossível para mim estudar e recordar aquilo que antigamente havia aprendido e que não tinha dificuldade alguma em compreender.

Esses sintomas o atormentavam incessantemente – em casa, durante seus passeios, quando tentava conversar com as pessoas, ou simplesmente quando ficava sozinho.

Quando dou uma volta pela cidade e olho as coisas – objetos, fenômenos – sempre tenho que forçar muito a memória para pensar nas palavras para eles. Não fico muito aborrecido com isso. Quando me sento numa cadeira na calçada falando com alguém do prédio (essa conversa comum de todo dia), tenho que fazer um certo esforço para lembrar e compreender o que a pessoa fala. E quando falo com minha mãe ou com minhas irmãs, tenho que forçar ainda mais meus nervos e minha memória para compreender o que estão me dizendo para saber o que devo fazer ou dizer. Neste caso, também, às vezes não consigo lembrar ou compreender as palavras. Ou então lembro só de pequena parte do que quero dizer; a maior parte está trancada em algum lugar da minha mente e não consigo alcançar. Minha família procura me ajudar a conversar fazendo-me perguntas, mas depois de algum tempo, quando não conseguem chegar a lugar algum, me deixam de lado. É como se dissessem para si mesmos: "Não adianta, ele nunca vai se lembrar do que queria dizer".

Tenho medo de falar em reuniões, porque logo esqueço o que foi dito. E de todo modo não sei como poderia participar, pois minha mente ou parece vazia, ou então possui algumas idéias desconexas dispersas dentro dela, de modo que não posso juntar os pensamentos. Por isso é que não procuro falar em reuniões.

Estou sempre me esquecendo das coisas! Às vezes vou até o galpão buscar um balde de carvão ou de lascas de lenha. Mas quando chego lá e vejo que o galpão está trancado, percebo que esqueci a chave e tenho que voltar até em casa. Quando chego em nosso apartamento, já me esqueci para que voltei até lá – que preciso pegar a chave para abrir a porta do galpão.

De certo modo, tenho tanta dificuldade quanto tinha no começo para tentar lembrar qual é o dia da semana. Às vezes não consigo me lembrar do que comi no café da manhã, ou no almoço daquele dia. Meu problema principal, o sintoma pior, é a amnésia e o esquecimento, e é por isso que não consigo lembrar das palavras. Grande parte do que me rodeia foi apagado com isso. Mesmo agora, ao olhar para objetos, pessoas ou animais, não consigo imediatamente lembrar e pronunciar as palavras que correspondem a eles (nem dizê-las para mim mesmo). Às vezes, sequer consigo lembrar delas depois de passar um dia inteiro. E embora mantenha conversas muito simples com as pessoas e só use expressões comuns de todo dia, sequer consigo me lembrar das palavras para as coisas do meu quarto – coisas como *guarda-roupa*, *armário*, *veneziana*, *cortina*, *peitoril*, *caixilho*, etc. Mais difícil ainda é lembrar de partes dos objetos. E quando passo muito tempo sem ser capaz de me lembrar e de me treinar para usar essas palavras ao falar, esqueço de como se chamam as coisas; não presto atenção a elas. Esqueço para que servem. Isso é verdade até mesmo em relação a partes de meu próprio corpo.

Por que ele não tem o domínio da própria memória? Toda ela foi obliterada, ou apenas determinadas partes dela? Ele percebeu que essa era uma questão que tinha que examinar mais atentamente, e empreendeu uma tarefa árdua – algo como um estudo arqueológico de sua memória – para distinguir o que se mantivera e o que estava irremediavelmente perdido.

"Minhas lembranças retornaram pelo lado errado"

Quando começou a pensar sobre isso, espantou-se por descobrir que o dano à sua memória não era de natureza uniforme. No começo, não conseguia lembrar-se de nada: quem era, onde estava, o nome de sua cidade natal, etc. Gradualmente, porém, as lembranças do passado foram voltando, principalmente as que tinham a ver com o passado distante: seu tempo de escola, os amigos, os professores, os anos que passara no instituto. Contudo, não conseguia se lembrar do passado recente. Como diz ele, suas memórias retornavam "pelo lado errado".

> Nas semanas imediatamente após ter sido ferido, eu não conseguia lembrar meu nome ou sobrenome, meu patronímico, nem mesmo os nomes de meus parentes próximos. Só mais tarde fui aos poucos sendo capaz de me lembrar de algumas coisas, principalmente a respeito de minha infância e de meus anos de escola primária. Minhas lembranças retornaram pelo lado errado – isto é, era mais fácil lembrar das coisas mais antigas – os prédios em que freqüentei o jardim da infância e a escola primária, as brincadeiras de que participava, os rostos das crianças e dos professores que então conheci. Mas me esquecia ou tinha enorme dificuldade de lembrar de alguma coisa do passado recente – até mesmo de como era a vida na frente de batalha.

Ora, isso é uma coisa esquisita. Ao invés de ser capaz de lembrar do que acontecera logo antes de ter sido ferido – que deviam ser as lembranças mais ricas, mais vívidas – minhas recordações tinham mais a ver com minha infância e com os tempos da escola primária. Estas são muito mais fáceis de lembrar, de modo que são basicamente as lembranças com que vivo agora.

Quando estou sentado, ou simplesmente sem fazer nada, subitamente vejo imagens, visões ou figuras de minha infância: as praias do Rio Don, onde gostava de nadar quando criança, a Catedral de Epifani (a cidade da província de Tula onde eu morava), a conversa que alguns amigos e eu tivemos numa reunião no clube.

Essas visões ajudaram a me tornar novamente consciente de meu passado, ainda que de apenas alguns fragmentos dele. Mas como elas me voltavam à memória muito freqüentemente, acho que ajudaram minha memória de um modo geral. Ao olhar aquelas visões e imagens era como se estivesse vendo fotografias de um passado recente.

Somente mais tarde outras recordações vieram a juntar-se a essas. Por exemplo, lembrou-se do centro em que recebera o treinamento básico, como era a vida na frente de batalha, o que ele próprio estava fazendo quando começou o ataque naquele trágico último dia. Depois disso, sua mente era de novo um branco total. Porém, certo dia mais tarde, lembrou-se do hospital e dos rostos dos médicos e das enfermeiras que vinham perguntar sobre ele. Ainda mais tarde, recordou-se das imagens de outros hospitais em que estivera; finalmente, de Kisegach, o centro de reabilitação nos Urais, onde terapeutas começaram a trabalhar com ele e sua vida se enriqueceu com tantas experiências novas. Ele descreveu esse local muito vividamente e, mais tarde, suas recordações de Kimovsk. Finalmente, imagens de outros hospitais e sanatórios também vieram à sua mente.

As imagens do passado surgiam com muita clareza e com muitos detalhes, razão por que conseguiu escrever esse diário. Porém, não podia fazê-las surgir por sua própria vontade, problema este particularmente difícil nas primeiras etapas. Se alguém dizia o nome de um objeto, não conseguia ter imediatamente uma imagem dele; quando finalmente conseguia, ela era incompleta e carecia das associações complexas que as lembranças em geral possuem.

> Minha terapeuta mencionava a palavra gato ou cachorro e dizia: "Procure representar para si mesmo como se parece um cachorro, que tipo de olhos e orelhas ele tem. Você consegue ver isso?" Mas eu não conseguia visualizar um gato, um cachorro, ou qualquer outra criatura, depois de ter sido ferido. Eu vi cachorros, sei como eles se parecem, mas desde meu ferimento não era capaz de visualizar um deles quando me pediam o que fizesse. Não consigo imaginar ou desenhar uma mosca ou um gato, não consigo visualizar as patas e as orelhas do gato – simplesmente não consigo ter a imagem delas.

> Se tento ter a imagem de uma coisa (com os olhos abertos ou fechados), não consigo, não consigo visualizar uma pessoa, animal ou planta. A não ser alguma vez que tenho a sensação de alguma coisa que se parece com eles, embora se desvaneça muito depressa. O que vejo realmente são algumas pequenas manchas ou pedaços minúsculos.

> Tentei lembrar-me dos rostos de minha mãe e de minhas irmãs, mas não consegui formar nenhuma imagem delas. Mas quando fui afinal mandado para casa e vi minha família, imediatamente reconheci minha mãe e minhas irmãs. Elas estavam alegríssimas por eu estar de volta a casa, me envolveram com os braços e me beijaram. Mas eu não fui capaz de beijá-las – havia esquecido como fazer isso. Minha mãe chorava enquanto me abraçava, gritando ao mesmo tempo de felicidade e de dor – pois pelo menos um de seus filhos voltara, mas com o cérebro danificado, enquanto o outro desaparecera desde 1941, logo depois de começar a guerra. Elas começaram

> a me fazer todo tipo de perguntas: como, quando, onde eu voltara? Tentei responder-lhes, mas simplesmente não consegui dizer nada; fiquei murmurando alguma coisa incoerente. Uma ou duas palavras de uma sentença era tudo quanto me lembrava. O resto simplesmente não me vinha à mente...
>
> Não consigo entender como é fabricada a madeira, de que ela é feita. Tudo – o que quer que eu toque – tornou-se misterioso e desconhecido. Não consigo juntar coisa alguma, imaginar coisa alguma, ou fazer nada novo. Tornei-me uma pessoa completamente diferente, exatamente o oposto do que era antes desse terrível ferimento.

Mais tarde, essa situação em certa medida se suavizou. Parece ter recuperado parte da memória, e suas recordações do passado tornaram-se mais ricas e mais intensas. Não obstante, o mundo à sua volta continuava, tanto quanto antes, estranho, incolor e fragmentado. O que quer que pudesse ter dado substância a cada pensamento ou impressão continuava mergulhado no esquecimento.

Todos esses problemas continuaram, apesar do passar dos anos. Nada alterou o estado trágico de sua memória.

> Aos poucos comecei a ler alguns livrinhos infantis. Uma vez ou outra pegava uma gramática ou um manual de física, mas logo os punha de lado, simplesmente não me atraíam. Ler representava enorme esforço, tinha dores de cabeça e parecia que ela estava arrebentando. De modo que a única coisa que me restava era tentar usar aquela minha memória desmantelada para lembrar o que quer que fosse possível do passado e desenvolver minha memória para a linguagem e o significado.
>
> Porém, para onde quer que me volte, estou numa enrascada ao tentar lembrar-me de palavras. Isso demonstra o quanto meu cérebro foi danificado, arruinado e devastado por aquele projétil e pelas diversas operações que sofri. Por isso é que, mesmo agora, não importa em que cir-

cunstâncias me encontre (com amigos, família, diferentes grupos de pessoas, trabalhando, ou simplesmente dando um passeio), estou sempre consciente dessas deficiências de minha memória e de minha capacidade de falar ou pensar. Percebo o quanto sou anormal quando converso com outras pessoas; tenho consciência do sorriso idiota que exibo, aquele riso tolo, nervoso que tenho, e meu hábito constante de dizer "sim, sim" enquanto alguém está falando comigo. E quando começo a falar, logo passo a rir de maneira estúpida e estranha, sem razão alguma para isso.

Não consigo lembrar nenhuma bendita coisa de tudo quanto estudei e aprendi. Tudo se foi! Quando estou só, é como se algum tipo de fechadura tivesse sido posta em minha memória, mas quando as pessoas falam comigo, ou quando escuto uma conversa, essa fechadura parece abrir-se um pouco. Escutá-las estimula um pouco meu pensamento.

Desde que fui ferido, tornei-me um tipo muito peculiar de pessoa – doente mas, por outro lado, uma espécie de criatura nascida de novo. Tudo quanto aprendi ou experimentei na vida simplesmente saiu de minha mente e memória, desvaneceu-se totalmente desde aquele horrível ferimento na cabeça. Tenho sempre que procurar identificar tudo quanto vejo, até mesmo as coisas de minha vida cotidiana. Quando deixo o hospital por algum tempo para tomar um pouco de ar, para estar um pouco mais perto da natureza – flores, árvores, lagos – não só tenho consciência de algo novo e obscuro que é difícil compreender, mas também de algo que me faz sentir terrivelmente desamparado, que realmente não permite que eu capte e compreenda o que vejo.

Que significava esse sintoma? O que é que causava ao mesmo tempo essa amnésia e essas "peculiaridades de memória" de que ele falava – sua capacidade de reviver algumas imagens do passado, mas nada do conhecimento que havia adquirido?

Os traços peculiares de sua "memória-fala"

Ele se refere à sua incapacidade mais importante como uma perda de "memória-fala". E tem boas razões para fazê-lo. Antes de ser ferido, as palavras possuíam significados distintos que lhe ocorriam imediatamente. Cada palavra fazia parte de um mundo vital ao qual estava ligada por milhares de associações; cada uma das quais gerava um fluxo de recordações vivas e nítidas. Dominar uma palavra significava que era capaz de evocar quase toda impressão do passado, compreender as relações entre as coisas, conceber idéias e ter controle sobre a própria vida. E, agora, tudo isso fora obliterado.

> Em parte, as palavras perderam o significado para mim ou possuem um significado que é incompleto e informe. Isso é verdade, especialmente, em relação às características objetivas de coisas como *mesa, sol, vento, céu*, etc. Perdi a pista tanto dessas palavras quanto de seu significado. O mais das vezes, consigo pensar ou imaginar uma porção de palavras que têm a ver com coisas que estudei.

> Devido ao trauma sofrido por meu crânio e meu cérebro, minhas memórias visual e auditiva se separaram uma da outra. Vejo uma letra ou um número, mas não sou capaz de pensar imediatamente na palavra que lhe corresponde, ou ouço mencionarem uma letra ou um número e não sou capaz de visualizar a aparência de qualquer deles. Tenho pensado freqüentemente que é por isso que minha fala e minha memória ficaram tão ruins – às vezes levo um dia inteiro para pensar numa palavra para alguma coisa que vi e para ser capaz de dizê-la. E vice-versa: ouço uma palavra (ou um determinado número), mas não sou capaz de visualizá-la imediatamente, ou de formar alguma imagem dela. Pode levar muito tempo até eu lembrar o que ela significa.

Durante os meses imediatamente após ter sido ferido, essa "falha em lembrar palavras" foi especialmente aflitiva. Ele se esquecera até mesmo das palavras mais comuns e tinha que procurá-las buscando e tateando em sua memória, como alguém preso num quarto escuro desconhecido. Além disso, as palavras não só se recusavam a vir à mente como também, de modo que freqüentemente tinha que fazer um esforço para lembrar-se qual o sentido delas. E o tempo gasto convulsivamente esquadrinhando a memória era realmente muito grande.

Durante os primeiros anos depois de ser ferido, eu levava muito tempo para pensar na palavra que correspondia a um objeto, ainda que a coisa que eu estivesse procurando estivesse bem ali diante de mim. Se alguém mencionava determinado objeto, eu não conseguia visualizá-lo imediatamente. Se o médico dizia: "Lyova, você pode mostrar seu olho?", eu não entendia sobre o que ele estava falando. Isso aconteceu comigo seguidamente desde que fui ferido, porque não consigo captar o sentido imediatamente ou concentrar-me numa determinada palavra. Se o médico repetia a pergunta, eu dava tratos à bola, tentando lembrar-me do que queria dizer a palavra *olho*. De repente, olhava à minha volta e me lembrava que a palavra *olho* referia-se a uma parte de meu corpo. Finalmente, quando percebia isso, era capaz de dizer a palavra e mostrar meu olho. A seguir ele me pedia para mostrar meu nariz. Mais uma vez ficava tentando imaginar o que queria dizer aquela palavra e a ficava repetindo por alguns minutos até que finalmente me lembrava. Depois ele me perguntava se eu conseguia me lembrar da palavra *orelha*. Também levava alguns minutos até que aquela palavra me viesse à mente. Quando o médico tentava me testar e ver de que eu me lembrava, eu tinha que tornar a caçar aquelas palavras. Esse é um problema terrível com que lidar.

Quando diferentes palavras me vinham à cabeça, eu as murmurava para mim mesmo. Muitas vezes eram palavras que eu mesmo usara aquele dia falando com alguém, mas eu logo as esquecia, a menos que elas simplesmente surgissem de repente em minha mente. Mais tarde naquele dia, quando o médico me testou, lembrei-me das palavras que havia estado procurando.

Uma outra vez, o médico apontou para o olho, a orelha ou o nariz dele mesmo e perguntou o que eram. Eu procurava lembrar as palavras e finalmente, depois de longo esforço, me lembrava. Viva! finalmente eu acertara as palavras. Ainda assim, a maior parte do tempo, parece haver uma enorme barreira impedindo que as palavras cheguem à minha memória. Quando eu ouvia as palavras *costas* ou *pescoço*, ficava ainda mais atrapalhado. Simplesmente esquecera o que elas queriam dizer, embora soubesse que eram comuns e tinham alguma coisa a ver com o corpo de uma pessoa. Mas o quê, simplesmente não sabia. De um modo geral, tenho algum tipo peculiar de esquecimento ou amnésia em relação a quase todas as palavras, ou então sou muito lento. Não consigo lembrar imediatamente uma palavra ou, então, se consigo, não sei o que ela significa. Quando meu terapeuta apontava para uma lâmpada e me perguntava o que era aquilo, eu procurava lembrar, mas era um violento esforço. Passava um bom tempo até eu conseguir lembrar do nome de um objeto. Precisava olhar para a lâmpada e para diversos outros objetos do meu quarto. Tinha esperança de que alguns dos objetos funcionassem como dicas de memória e eu tentava lembrar deles, comparando os diferentes objetos do quarto de modo que eles pudessem me ajudar a lembrar as palavras e a falar mais facilmente.

Meses depois de deixar o hospital, ainda era perturbado por esse problema. Por exemplo, quando morava com a mãe e as irmãs em Kimovsk, pediam-lhe para cumprir alguma tarefa simples – ir buscar alguma coisa no depósito do porão, ou comprar pão ou cereais no armazém. O que poderia ser mais simples? No entanto, essas coisas mostravam-se terrivelmente difíceis, pois havia se esquecido das expressões mais habituais, palavras que usara diariamente desde que era criança. Elas não lhe ocorriam imediatamente, mas pareciam estar ocultas em algum canto remoto de sua mente. Precisava então fazer enorme esforço de memória para conseguir uma idéia clara delas. Quando conseguia, afinal, lembrar-se do que elas significavam, um minuto depois as esquecia. Estava fora de si, absolutamente incapaz de lidar com esses ou outros problemas.

Se as expressões habituais eram difíceis, não eram nada em comparação com os problemas que tinha para compreender conceitos que aprendera e usara em sua vida cotidiana, em casa ou no instituto. Num mundo em que as palavras pareciam tão estranhas e as idéias estavam mergulhadas na amnésia, ele era obrigado a fazer um esforço muito penoso para recuperar a capacidade de falar, sua "memória-fala", como dizia ele.

> Toda palavra que ouço parece-me vagamente familiar (afinal de contas, houve tempo em que estudei o bastante para ter chegado ao terceiro ano de um instituto politécnico). No que diz respeito à minha memória, eu sei que determinada palavra existe, só que ela perdeu o significado. Não a compreendo como fazia antes de ter sido ferido. Isso significa que se eu ouço a palavra "mesa", não consigo imaginar imediatamente o que ela é, com que se relaciona. Tenho simplesmente uma sensação de que a palavra é algo familiar, mas isso é tudo.

> Assim, tenho que me limitar a palavras que "sinto" que me são familiares, que possuem algum sentido definido para mim. Essas são as únicas com que me preocupo quando tento pensar ou falar com as pessoas. Durante algum tempo (após meu ferimento) comecei a lutar para recuperar a memória e a capacidade de falar, para compreender o sentido das palavras. Continuo a fazer isso, pois minha memória é muito limitada e sempre parece haver um vazio entre uma palavra e seu significado. Ambos estão sempre desconectados e tenho que fazer com que se juntem de algum modo. Mas não consigo que fiquem juntos por muito tempo; eles se desprendem e simplesmente se dissolvem no ar.

Às vezes, quando vou passear no campo ou no bosque, eu me ponho à prova para ver o que consigo lembrar. O que aconteceu é que esqueci completamente os nomes das árvores daqui. Na verdade, consigo lembrar as palavras *carvalho, pinheiro, álamo, bordo, bétula*, e às vezes outras (quando vêm à minha mente). Porém, quando olho para uma certa árvore, não sei se trata de um álamo ou de um outro tipo, mesmo quando a árvore me parece familiar. Se alguém me mostra algum cogumelo não consigo lembrar como se chama ou como é usado, embora me lembre dos nomes de diferentes tipos de cogumelo – [*orange cap*], ou o tipo branco ou marrom "comestível". Porém, não consigo dizer se um determinado cogumelo é do tipo marrom comestível ou de alguma outra variedade, apesar do fato de que devo ter sido capaz de identificá-los antes de ter sido ferido.

Esqueci até o que é um dente-de-leão, uma flor que eu conhecia quando criança. Quando ela fica murcha, lembro-me do que é, mas antes disso simplesmente não consigo imaginar, não tenho absolutamente idéia alguma de que flor é aquela.

Por hábito, tendo a ver as coisas do meu ambiente de maneira muito semelhante a como fazia antes. Mas quando estou face a face com os objetos, realmente não os reconheço nem me lembro deles. Não compreendo como crescem as plantas, o que as alimenta, ou como se cria uma nova planta arrancando uma folha dela e colocando-a na água. Não compreendo as coisas essenciais sobre as plantas e os animais que vejo, porque não consigo lembrar seus nomes e o que eles significam.

Ele não havia apenas esquecido o significado das palavras. Já assinalamos que ele não conseguia lembrar-se imediatamente de uma palavra, mas tinha que buscar por ela ativamente, muitas vezes percebendo que, ao invés daquela, outras palavras lhe ocorriam – algumas delas muito próximas, no sentido da que ele procurava, mas outras extremamente distantes. Como iria ele então escolher a palavra certa, quando sua memória estava amontoada de palavras, todas parecendo conhecidas e corretas? Muito freqüentemente, a palavra que ele queria era inacessível.

> Meu maior problema era não ser capaz de lembrar as palavras certas quando queria falar. A partir do momento em que fui ferido, logo que pude reconhecer-me novamente, eu repetia uma palavra que um médico, enfermeiro ou outro paciente havia usado, mas um minuto depois já a havia esquecido. Naquela época, não conseguia pensar numa determinada palavra quando queria expressar alguma coisa; simplesmente não conseguia lembrar-me de nada voluntariamente.
>
> Quando estou sentado ou caminhando pelo meu quarto e olho as coisas ali, elas me parecem familiares e fazem sentido para mim. Mas por alguma razão não consigo nomeá-las imediatamente, nenhuma delas. Pego um lápis, ou aponto para uma mesa e digo: "Como é que isto se chama? É um... é um... como é que você chama isto? Não é uma lâmpada... não é um tinteiro... é uma mesa!"
>
> Posso continuar nessa luta por vários dias, escrevendo palavras, fazendo perguntas para mim mesmo. Mas em geral ainda tenho que suar muito para cada palavra. Por exemplo, olho para um objeto e começo a me perguntar: "Isto é um fogão? Não. E não é fumaça... ou lareira... ou fogo... tocha... vela... casa... chama... luz". Diabos!, simplesmente não consigo me lembrar. Então começo a recitar outras palavras: carro... colher... etc., e finalmente ela me vem à cabeça. É ferro fundido!
>
> Meu cérebro danificado tem que "tropeçar" numa palavra para encontrá-la, e se não quiser que ela me fuja, tenho que rodear os buracos que há em minha memória. Mas isso distrai minha atenção de modo que perco a pista de outras palavras que acabara de conseguir lembrar.

Tive inúmeras experiências constrangedoras por não ter conseguido pensar nas palavras que estava procurando. Continuo a ser atormentado por isso e acho isso muito aflitivo. Mas não pretendo de modo algum me dar por vencido. Por mais que tenha sido difícil, comecei a falar melhor no correr dos anos. É o quanto basta para estimular-me a continuar lutando e tentar recuperar memória suficiente para poder falar melhor.

Sobre a recordação de palavras
Segunda digressão

    Antigamente, a memória era considerada uma função muito simples. Supunha-se que os nomes usados para designar objetos aderiam a eles como etiquetas – tão firmemente quanto as utilizadas pelas boas donas-de-casa para indicar os itens nas prateleiras de sua despensa. Assim (para continuar com a analogia) bastava buscar naquela prateleira o que se precisasse. Embora isso fosse uma abordagem muito antiga da memória, muita gente ainda supõe que a mente funciona desse modo.

    Porém, não é absolutamente assim. Até mesmo um autor tão antigo quanto Swift satiriza essas idéias simplistas em *Viagens de Gulliver*. De fato, os laputianos haviam decidido prescindir totalmente de etiquetas, uma vez que as palavras eram desnecessárias e eles podiam fazer-se entender por meio dos objetos. Assim, carregavam sacos nas costas e dali tiravam o objeto que queriam indicar.

    Se se supusesse que a mente funcionava desse modo, seria difícil explicar por que às vezes temos tanta dificuldade em encontrar determinada palavra, por que às vezes se torna tão difícil recuperar uma lembrança perdida.

    Um objeto material possui muitos atributos, não é uma simples essência. Considere, por exemplo, uma mesa de bilhar. Ela se assemelha a uma mesa comum, embora seu revestimento de feltro se pareça um pouco com musgo e sua parte inferior, uma placa de ardósia. Ela tem caçapas nos lados e em cada um dos cantos e as bolas correm por sua superfície e a mesa, propriamente, está sempre colocada no meio de uma sala. Dadas essas características, como se [*turn up*] a palavra *mesa de bilhar*? *Mesa, pano, campo, caçapas, bolas* designam alguns de seus atributos, mas não a coisa propriamente dita. Além disso, as bolas são dispostas numa pirâmide. Como lembrar-se que o termo é *pirâmide*, e não *pilha, monte, triângulo*? Em suma, como é que, entre todas as características, a memória seleciona precisamente as essenciais e inibe o fluxo infindável de associações que o objeto traz à mente?

Ao recordar palavras, temos sempre de selecionar a partir de uma variedade de alternativas possíveis. Em alguns casos, a associação correta é de longe a que mais provavelmente aparece e a chance de outras aparecerem é quase nenhuma. Suponha, por exemplo, que você tenha que completar a seguinte frase: "Quando o inverno chegou, as ruas ficaram cobertas de..." Duvida-se que alguém errasse vindo com uma palavra que não fosse "neve". A escolha é simples: neste caso há apenas duas ou três possibilidades. Muitas vezes, porém, a situação é muito mais complexa. Veja a seguinte frase: "Saí para comprar um..." O quê? Pão? Jornal? Chapéu? Somente conhecendo o contexto se poderia completar a frase, pois há milhares de alternativas. Neste caso, a probabilidade de encontrar a palavra correta é indeterminada; simplesmente é preciso mais informação sobre as circunstâncias particulares para selecionar a palavra correta no almoxarifado da memória.

Porém, como funcionará alguém que não dispõe de um contexto, nada sobre que se apoiar, e simplesmente tem que procurar uma palavra? O processo é muitíssimo menos simples do que parece. Imaginemos que você entra num laboratório, vê um instrumento familiar, mas não consegue lembrar como ele é chamado. Você sabe que é utilizado para cortar preparados recobertos com parafina em seções extremamente finas, como os aparelhos usados nas mercearias para fatiar presunto, apenas que milhares de vezes mais fino. Mas como se chama esse instrumento? Muito embora o objeto seja familiar, você precisa dar "tratos à bola" para lembrar-se da palavra. Você sabe que tem algo a ver com "micro..." Mas será um microscópio? um microcortador? Não, mas você está perto e finalmente a palavra "micrótomo" lhe vem à mente.

Ou, então, digamos que você vá a um museu e subitamente descubra que não consegue lembrar do nome de um pintor (supõe que seja o nome de um pintor georgiano, um dos fundadores do primitivismo). Será Passaneur?, você se pergunta. Pirestone? Prangishvili? Não, nenhum desses nomes é o certo. Há alguma coisa no nome que lembra "fogo". Você tenta outra vez. Será Pirotécnico? Não. Você sabe também que tem alguma coisa a ver com os turcos. Osman? Não, mas você se encaminha diretamente para Piresman e, daí, para o nome procurado – Pirosmanishvili. Assim que você tenha se lembrado do nome, sua memória automaticamente descarta todas as associações que surgiram durante o percurso.

É raro que se tenha que caçar uma palavra desse modo. Só o fazemos quando pouca coisa existe que fortaleça nossa memória de uma determinada palavra ou quando momentaneamente esquecemos um nome – como aquele personagem do conto de Checov que, tentando lembrar-se do nome "Oates", revirou grande número de nomes que tivessem a ver com "cavalos": *"Konyashin"* (de *kon* – corcel); *"Oglovyev"* (*oglovlya* – varal de carroça); *"Yamshchicov"* (*yamshchik* – cocheiro). Regra geral, isso não acontece quando nos lembramos de nomes de objetos comuns; o nome está solidamente impresso em nossa memória e freqüentemente a qualidade característica do objeto está clara no próprio nome. Por exemplo, numa palavra como *stol* (mesa), a raiz *stl* é a mesma das palavras *nastilat* ("arrumar a mesa"); *postilat* ("pôr a comida na mesa"); *nastil* ("pavimentar"). Daí não termos problema em distinguir o traço lingüístico predominante. Em palavras como *chasy* ("relógio", de parede ou de bolso, o radical é *chas*, "hora"), *parokhod* (barco a vapor) – palavra composta dos radicais *par* e *khod*, "vapor" e "movimento", e *parovoz* ("locomotiva" – palavra composta dos radicais *par* e *vos* – "vapor" e "carro"), o traço predominante é tão óbvio que o nome nos ocorre como perfeitamente lógico. Não sentimos necessidade alguma de considerar outras alternativas, pois o próprio nome é tão sugestivo do objeto que designa que é seguro constituir a escolha certa.

Porém, e se o dano do cérebro afetou exatamente aquelas áreas que capacitam a pessoa a analisar e a sintetizar as impressões visuais dos objetos, isolando os traços essenciais e inibindo o surgimento de associações secundárias?

I.P. Pavlov, especialista em funções corticais, observou que, em circunstâncias normais, o córtex está sujeito à "lei da força". Estímulos poderosos, substanciais, produzem reações fortes e deixam marcas sólidas que vêm à mente de modo mais rápido. Somente durante estados de exaustão ou de sono é que se rompe esse equilíbrio: estímulos fortes e fracos registram-se com a mesma intensidade, provocam reações igualmente fortes, e deixam marcas igualmente permanentes. Daí haver igual probabilidade de que uma ou outra venham à mente.

Pense nas estranhas associações que lhe ocorrem inesperadamente quando você está adormecendo; seus pensamentos estão confusos e você pode perturbar-se facilmente por coisas que durante o dia parecem triviais. Uma condição cortical como essa, porém induzida patologicamente, é o que Pavlov chamou de condição "amortecida" [ou *phased*]. Nesse estado, o córtex funciona de maneira muito menos precisa e mal é capaz de distinguir entre o que é e o que não é essencial; as características dominantes dos objetos (as quais normalmente discerniria) deixam de predominar, mas são niveladas aos atributos secundários, menos essenciais. Torna-se então terrivelmente difícil selecionar o atributo correto (e, pois, a palavra correta) entre toda a série de alternativas que, agora, parecem igualmente prováveis.

O projétil que penetrou no cérebro deste paciente destruiu as funções exatamente dessas partes do córtex que controlam a análise, a síntese e a organização das associações complexas num quadro coerente (isolando os traços essenciais dos objetos percebidos e retendo as marcas de hábitos de linguagem). Algumas de suas células nervosas haviam sido destruídas; outras estavam numa condição patológica "amortecida". Não é de espantar que ele achasse tão difícil, por vezes impossível, distinguir o traço essencial de um objeto e propor a palavra correta.

Ele tinha que buscar intensamente uma palavra e escolhê-la entre dezenas de outras que encontrava pelo caminho, do mesmo modo como alguém faz quando tenta encontrar um nome de que se esqueceu. Ele procurava encontrar a classe a que pertencia a palavra e substituir uma categoria ampla demais ("É... um objeto... uma coisa... um animal..."). Procurava encontrar algum tipo de contexto que pudesse ajudá-lo a pensar numa palavra ("Mas veja... elas cheiram tão gostoso... estas vermelhas, belas, perfumadas... rosas!"). Tentava automaticamente evocar o que não conseguia lembrar-se voluntariamente, mas só algumas vezes tinha êxito nisso, embora recorresse a todo instrumento concebível naquele mundo de probabilidade desordenada.

Esse processo de recordar palavras e nomes estava muito distante das imagens nítidas que comumente vêm à mente e eliminam a necessidade de escolher dentre uma série de alternativas igualmente prováveis. Sua "memória-fala" deteriorada era igualmente dessemelhante à recordação normal e completa dos eventos.

E assim foi por anos a fio: uma luta para cada palavra que seu cérebro danificado, com capacidade limitada para associações verbais e de palavras, não conseguia recordar. Essas associações sistemáticas são exatamente o que capacita alguém a construir um vocabulário e pensar prontamente uma palavra. Isso explica o tipo de problemas que ele experimentou. Mal acabava de pensar na palavra correta e sua mente já estava correndo para encontrar a seguinte; disperso desse modo, rapidamente perdia a pista da primeira palavra e tinha que voltar a buscá-la. Sua memória não era uma memória restrita, empobrecida, mas uma memória devastada. E ela não melhorou com o correr do tempo.

De imagens restritas a imagens não-decifradas, dispersas

A utilização das palavras é, por certo, o estágio mais elementar da fala; a partir delas é que se compõem sentenças e parágrafos para transmitir e comunicar uma idéia complexa. Mas como alguém transmitirá uma idéia se não consegue captar prontamente o significado das palavras, se a idéia mesma que tem lhe escapa com as palavras que acabou de conseguir compreender?

Quando esse homem escutava pessoas falando, ouvia um programa de rádio ou tentava compreender uma história, via-se às voltas com imagens desconjuntadas, fragmentárias, que precisavam ser decifradas:

> Até mesmo quando minha mãe faz algumas observações simples, não sei de que ela está falando. Agarro-me à primeira ou à última palavra que ela disse e, enquanto estou tentando imaginá-la, esqueço todo o resto.
>
> Uma vez eu estava sentado num auditório, escutando algumas histórias e um espetáculo de alguns artistas visitantes. Enquanto o narrador ia falando, todo o público começou a rir. Vendo todo o mundo rir, eu também ri, embora não tivesse compreendido nada que o homem falou e só tivesse um motivo real para rir quando um ator, imitando um bêbado, começou a cambalear e caiu.
>
> Quando as pessoas falam comigo, ou quando escuto o rádio, em geral não consigo compreender mais do que a metade do que é dito. Também tenho uma série de falhas, de "brancos" no que escuto. A maior parte das vezes apenas escuto as palavras sem compreender. Isso quer dizer que só consigo captar pequena parte do que é dito. Logo que reconheço o significado de umas poucas palavras, o resto se perde no fluxo da fala que estou ouvindo.
>
> Por exemplo, quando uma vez ouvi a palavra "catástrofe", perguntei à pessoa que a disse a que se referia e tentei imaginar o que ela significava. Subitamente lembrei-me do sentido da palavra e a respeito do que a pessoa falava – o descarrilamento de um trem. Mas levou algum tempo até conseguir me lembrar disso. Isso é típico do modo como funciona minha memória deteriorada.

> Quando escuto rádio acho que compreendo o que estou ouvindo, só que enquanto estou escutando esqueço o que o locutor está falando. Se me concentro realmente numa palavra que ele usa, descubro que realmente não consigo compreendê-la por algum tempo, ou a esqueci completamente. (Se não esqueci, logo esqueço.) Claro que é mais fácil, mais relaxante, escutar rádio do que cansar minha vista tentando ler um livro letra por letra. Por outro lado, quando escuto rádio não tenho a chance de parar e pensar sobre o que ouvi. Desde que fui ferido, não fui capaz de me lembrar de coisa alguma que ouvi no rádio, enquanto que, quando leio um jornal ou um livro, posso parar e reler algumas palavras ou frases e pensar sobre aquelas idéias. Mesmo assim, esqueço rapidamente o que li, embora por um pouco de tempo consiga reter mais os pontos principais do que ao escutar o rádio. Por outro lado, ler tornou-se cada vez mais difícil com o passar dos anos.

Como teste de compreensão foi lido para ele o seguinte parágrafo, no qual as relações entre objetos era complicada por inúmeros detalhes:

"Em ambos os lados da casa havia grandes árvores de uma espécie rara que possuíam grandes bagas que pareciam pinhas de abeto na face inferior das folhas. No lago, sobre o qual deslizavam quatro cisnes brancos, podia-se ver o reflexo das lanternas chinesas, feitas de papel colorido brilhante, penduradas por toda parte, representando rostos grotescos que exibiam sorrisos estranhos".

O que foi que ele conseguiu compreender depois da primeira, segunda e terceira leituras? Um número muito limitado de palavras e imagens, fragmentos desarticulados de sentenças que tinham a ver com "árvores", "cisnes" e "reflexos no espelho". O parágrafo foi lido para ele repetidas vezes, mas esses pedaços e fragmentos desarticulados não se juntaram num contexto com sentido. Ele lutou com isso como se fosse um hieróglifo em que, depois de considerar longamente, se pudesse estabelecer o significado de determinados elementos mas não do texto todo, o qual permanece obscuro e exige mais tempo para ser decifrado:

> Não... Não consigo decifrar isso... Estão falando de... de... é difícil dizer... de lanternas e de cisnes num lago... e algo como bosques de ambos os lados... cisnes... e lanternas.
>
> Há essas árvores... de ambos os lados... e bagas... e algumas lanternas mais... e cisnes flutuando sobre a água. Há uma casa... e ao lado dela... árvores frutíferas... Parecem ser abetos. Depois, há também lanternas... e um lago... cisnes flutuando sobre a água... perto deles... chifres. E então... lanternas... papel colorido.... Não, simplesmente não compreendo!

O que ele compreendeu refletia definitivamente uma mente restrita a imagens não decifradas. Ele tentou freqüentar alguns grupos de estudo e instruir-se, mas também neste caso os problemas foram avassaladores:

> Quando escuto a professora, as palavras que ela usa parecem fazer sentido – mais ainda, parecem familiares. Mas quando me concentro sobre cada uma das palavras e passo algum tempo pensando sobre ela, não consigo lembrar o que significa ou formar qualquer imagem dela. Enquanto isso, à medida que ela continua a falar, as palavras voam e se desvanecem de minha memória no mesmo momento em que tento compreendê-las. E de modo algum consigo recordá-las novamente. Quando minha terapeuta O.P. me pediu certa vez para eu lhe dizer o que havíamos feito na aula anterior, levei algum tempo para responder, muito embora tivesse passado vários dias naquele capítulo, feito algumas anotações, e o tivesse lido na noite anterior. Mas quando ela me perguntou, tive que olhar novamente minhas anotações. Para mim, é extremamente difícil ler o que eu próprio escrevo, minhas próprias anotações (a escrita cursiva de outra pessoa, então, é completamente impossível). Então é claro que eu não conseguiria reler as anotações rapidamente,

especialmente tendo ela me feito uma pergunta e eu estar sob pressão para responder. Finalmente, lembrei de um trecho do que ela havia lido na véspera e tentei fazer alguns comentários gerais limitados a umas poucas palavras. Mas simplesmente não consegui exprimir o que queria dizer.

Naturalmente, os problemas dele não se limitavam à compreensão. Ele achava difícil – realmente impossível – não só interpretar o fluxo constante de palavras usadas por alguém que falava e captar a lógica por trás delas, como também formular e expressar suas próprias idéias coerentemente. Fragmentos de palavras fervilhavam em sua mente, colidindo e bloqueando-se umas às outras, de modo que, no processo de tentar formular uma idéia, ele esquecia o que queria dizer. Por isso, quando tinha que fazer um pedido numa repartição do governo, ou queria falar ou perguntar alguma coisa em seu grupo de estudo, não conseguia fazer-se compreender:

> Quando tive que fazer um pedido numa das repartições do distrito, passei um dia inteiro pensando no que ia dizer. Mas quando chegou a hora e finalmente entrei no prédio, levei um bom tempo para criar coragem de entrar no escritório, porque tinha medo de não conseguir lembrar as poucas palavras de que precisava para levar adiante uma conversa. Elas me escapavam no momento em que tentava expressar-me. Então, tinha que esperar até me ocorrerem outras palavras. (E estas podiam surgir num minuto e desaparecer no minuto seguinte.)
>
> Enquanto estava ainda no corredor e depois – quando afinal entrei na sala do gerente – no momento em que pensei no que ia dizer, as palavras me fugiram. O gerente olhou para mim e perguntou: "O que você quer?" Mas as poucas palavras que eu precisava usar pareciam haver escapado deliberadamente de minha mente – todas elas. Alguma coisa estava errada em minha cabeça, simplesmente não conseguia lembrar de nada.

Uma vez fui ao clube para ouvir uma conferência. Quando o conferencista acabou, perguntou se alguém queria perguntar alguma coisa. Resolvi fazer uma pergunta. Naquele momento, estava me sentindo muito normal – isto é, minha cabeça não estava doendo ou zunindo demais. O conferencista disse que eu perguntasse. Eu o ouvi mas, por alguma razão, não consegui falar, não consegui dizer uma só palavra, nem mesmo arrancar uma só letra. Era como se subitamente um ferrolho houvesse trancado minha mente. Todo o público me olhava, esperando que eu falasse. Enquanto isso, eu não só estava incapaz de falar, como não consegui emitir nenhum som, embora estivesse bastante relaxado, nem um pouco nervoso. Achando que eu havia esquecido o que queria dizer, ou estava um pouco bêbado, as pessoas sentadas perto de mim disseram: "Então senta, se você não tem nada a dizer". Foi o que fiz. Mas como ninguém mais do público quis fazer qualquer pergunta, o conferencista voltou-se novamente para mim e disse: "O que é que você queria perguntar?"

Acontecia a mesma coisa quando estava sozinho e queria anotar alguma coisa que lhe tivesse vindo à mente. Em certo sentido, isso era mais fácil do que conversar, pois tinha a chance de ler de novo o que havia escrito; por outro lado, às vezes era mais difícil, porque um pensamento lhe escapava no momento em que tentava registrá-lo.

Ocorria-me uma idéia de alguma coisa, uma imagem do que eu queria dizer, e eu começava a tentar lembrar a palavra correta para expressá-la. Mal registrava duas palavras e a idéia mesma que acabara de tomar forma em minha mente subitamente desaparecia. Esquecia o que queria escrever. Olhava para as duas palavras que havia escrito, mas não conseguia lembrar o que pretendia dizer. Assim, minha idéia se fora – por mais que me esforçasse, não conseguia lembrar dela.

Quando tinha uma boa idéia, mal eu pegara o lápis e ela já se fora. Essa mesma idéia não me voltaria de novo por todo aquele dia, talvez nem mesmo no dia seguinte e, se acontecia de eu novamente pensar nela, não a reconheceria. Nessa ocasião, ela não faria qualquer sentido para mim, porque então eu já fora adiante e escrito alguma outra coisa.

Tais deficiências tornavam colossal o esforço de escrever e descrever o que lhe havia acontecido; sua mente nada mais tinha com que trabalhar do que imagens não-decifradas e idéias que não se relacionavam.

Construções gramaticais – Terceira digressão

Já vimos como era difícil para ele acompanhar uma conversa ou compreender o significado de uma história ou de um relato. E seus problemas complicavam-se ainda mais quando tentava analisar as idéias de um texto escrito ou oral. Como não captava rapidamente a linguagem, o significado de uma palavra lhe fugia assim que passava para a seguinte.

Contudo, esse era apenas um dos muitos problemas que tornavam a compreensão um processo tão angustiante para ele. Já observamos que uma de suas principais dificuldades para acompanhar qualquer exposição detalhada era sua incapacidade de captar o significado das palavras; devido a isso, não tinha idéia da unidade ou do arranjo das idéias de quem estivesse falando e não conseguia isolar o tema principal. Contudo, é exatamente isso que alguém faz para captar o conteúdo de uma história ou de uma fala.

A compreensão não é algo que chegue rapidamente a um principiante, como aqueles de nós que fomos estudantes universitários sabemos muito bem, a partir dos problemas que enfrentamos ao tentar dominar um material complexo. Depois que uma pessoa aprendeu a ler, a compreensão passa a exigir gradativamente menor esforço e menos tempo; desenvolvem-se habilidades para aumentar seu ritmo e chega-se finalmente a um ponto em que as idéias de um relatório ou de um texto são captadas imediatamente, sem qualquer esforço aparente.

Não obstante, certos materiais são mais difíceis de compreender do que outros. Uma fala, seja qual for sua extensão ou detalhe, pode não parecer apresentar quaisquer problemas e, no entanto, exigir um complicado processo de raciocínio para ser compreendida. Por exemplo, é bastante fácil acompanhar uma história que transcorre suavemente, que consiste de frases simples e se desdobra gradativamente, ponto por ponto. (Era um dia quente. Ele desceu até o lago, entrou em seu barco e começou a remar. Como era agradável navegar até a outra margem.) Porém, ao escutar um relato claramente complicado, constituído de frases compostas, em que a idéia principal é qualificada por inúmeras orações subordinadas, é preciso ter em mente tanto a idéia principal quanto as observações qualificativas que tenham sido feitas.

Os lingüistas são muito cônscios dos problemas propostos pela linguagem e planejaram minuciosamente maneiras para tratar com padrões sintáticos complexos. Eles distinguem entre estruturas de oração "extensas" (em que a idéia principal é interrompida por digressões) e "diretas" (que correm suavemente e não possuem digressões). Veja, por exemplo, a seguinte oração: "A colina sobre a qual se situava a velha casa de teto de telhas vermelhas era íngreme e recoberta de musgo acinzentado". Quem ou o quê estava recoberto de musgo? A colina? O teto? Que relação tem o "musgo acinzentado" com o "teto vermelho"? Nesse arranjo sintático "extenso", em que treze palavras da oração subordinada separam o sujeito "colina" do predicado "era íngreme", o significado é menos fácil de captar.

Ainda mais difíceis são as figuras de linguagem peculiares conhecidas como "inversões". Sentenças como as seguintes, com duas negativas, são fáceis de compreender? "Não há razão para não acreditar nessa informação". Isto significa que se pode ou que não se pode aceitar a informação? E considere a seguinte: "Se não tivesse me atrasado para o trem, não o teria encontrado". Quem está falando atrasou-se para o trem ou não? Encontrou ou não encontrou outra pessoa? Ou, ainda, este outro exemplo: "Não tenho o hábito de contestar as regras!"[2] Que tipo de pessoa está falando – um rebelde obstinado ou um estudante submisso? Se se isolarem as expressões "não tenho o hábito" e "contestar as regras", elas soam incômodas e provocativas. Contudo, depois de pensar um momento, damo-nos conta de que o que se pretende é exatamente o contrário. Essa é uma indicação de como se pode ser enganado pelas inversões gramaticais.

Considere também os casos em que a ordem das palavras não coincide com a ordem dos eventos descritos. Na sentença que se segue o significado é evidente: "Eu li o jornal; a seguir, tomei o café da manhã". Mas isso também pode ser expresso de maneira diferente: "Tomei o café da manhã depois de ter lido o jornal". Será que a falta de coincidência entre a ordem das palavras e a ação complica de algum modo a compreensão de alguém? A frase "depois de ter lido o jornal" inverte a ordem da ação. As inversões gramaticais, recurso para variar a estrutura sintática, deve ter chocado este paciente como uma pilhéria de mau gosto.

Considere o uso de terminações de casos para criar fortes relações, estritamente definidas, entre as partes de uma oração, subordinando uma à outra e com isso formando a estrutura de um sistema lógico de pensamento. Há muito tempo nos acostumamos com o uso de terminações de casos e captamos prontamente seu significado. Porém, será que as inflexões gramaticais são mesmo simples assim? Vejam a frase seguinte, por exemplo: "Há um ninho de passarinho no galho da árvore". Os itens não estão simplesmente enumerados, mas dispostos numa ordem rigorosa de modo que as palavras criam uma única imagem com cada uma das partes claramente inter-relacionadas[3].

---

2. Em russo, usa-se dupla negativa nesta frase (N.T. para o inglês).

3. Em russo, esta frase consiste de apenas cinco palavras, quatro das quais são substantivos. Assim sendo, grande parte do significado está contido nas terminações dos casos (N.T. para o inglês).

Mas ainda há também outras terminações de casos, mais complexas, que exprimem relações abstratas: "um pedaço de pão", ou "o irmão do pai", etc. Na última frase, a referência não é a nenhum dos termos mencionados, mas a um terceiro – "tio". E construções como "o pai de meu irmão" podem momentaneamente nos desconcertar. Você precisa parar e pensar por um momento antes de se dar conta de que o "pai de seu irmão" é também seu pai. Para compreender esse tipo de relação sintática, em que a palavra no caso genitivo não se refere a um objeto mas a uma qualidade ou atributo, exige-se um processo mental razoavelmente complicado; é preciso dar um salto mental do sentido realista da palavra "irmão" para o sentido contido na frase. Somente compreendendo-se isso se pode entender o sentido desse enigmático "genitivo atributivo"[4].

Aqueles de nós familiarizados com os padrões lógicos implícitos na gramática consideramos uma construção como essa que citamos muito fácil de captar. As dificuldades parecem não existir. Já nos séculos XV e XVI, a expressão "os filhos dos boiardos" ["the children of the boyars"] foi substituída pela frase muito mais simples ["the boyar's children"]. Mas quando se trata de uma expressão como "a terra de Prokopiya" ["Prokopiya's land"] as pessoas eram obrigadas a usar uma forma mais prolixa e canhestra: "desse Prokopiya – sua terra", inserindo palavras que partilham certas referências formais e, com isso, evitam a necessidade de uma construção gramatical complexa. Ao invés de escrever "os que temiam o poder da horda dos Akheitsy", contudo, escreviam simplesmente: "Os que temiam o poder e a horda akheisiana".

Torneios complicados de linguagem, tão rotineiros para nós a ponto de deixarmos de perceber sua complexidade, que são, na verdade, códigos que levaram séculos para se desenvolver. Nós os em-

---

4. Em russo, "o irmão de meu pai" pode ser expresso ou usando o substantivo no possessivo, como em inglês, ou por um adjetivo possessivo derivado do plural genitivo do substantivo "pai" (N.T. para o inglês).

pregamos sem qualquer esforço, porque dominamos os padrões lingüísticos – nosso meio mais básico de comunicação.

Também expressamos relações por meio de determinadas partes da linguagem (preposições, conjunções, advérbios, etc.). Estamos tão acostumados a utilizá-las que o fazemos automaticamente. São, por isso, perfeitamente óbvias para nós frases como as seguintes: "o cesto sob a mesa", "a cruz sobre o círculo", "o livro à direita do tinteiro". Contudo, há duzentos anos, a relação entre esses objetos eram designadas por meio de termos muito mais concretos. Se alguém quisesse dizer que algo estava "sob" o fogão, utilizaria uma palavra mais descritiva como "embaixo". E as expressões "à direita", "à esquerda", "diante de", "atrás de", "em vez de", etc. eram expressas em maior detalhe, de modo que seus significados básicos – "direita", "esquerda", "frente", "atrás", e "lugar" – ficassem perfeitamente transparentes[5].

Também não temos dificuldade em compreender as formas comparativas de adjetivos e que casos elas exigem – "Uma mosca é maior do que um elefante?"[6] ou "Um elefante é maior do que uma mosca?" O mesmo se dá com as perguntas: "A primavera precede o verão?" ou "O verão precede a primavera?". Considere, porém, as frases seguintes: "O sol é iluminado pela terra"; "A terra é iluminada pelo sol". Em russo, o sujeito lógico e o sujeito gramatical de uma sentença em geral coincidem. Mas, nessas sentenças, a regra é inversa; a construção passiva exige uma ordem inversa das palavras.

---

5. No russo moderno, as expressões que ele menciona são palavras isoladas – preposições ou advérbios – que incluem as preposições nessas frases como prefixos (N.T. para o inglês).

6. Aqui, e nas páginas que se seguem, Luria refere-se a um dos dois modos de exprimir-se uma comparação em russo: colocando o objeto comparado no caso genitivo e dispensando a expressão "do que". Como a língua russa não tem artigos definidos nem indefinidos, as sentenças a que ele se refere consistem de apenas três palavras, os dois substantivos e o adjetivo comparativo (N.T. para o inglês).

A língua que utilizamos com tanta facilidade é, na verdade, um sistema extremamente intrincado de signos que, para serem dominados, exigem treinamento. É necessário esse tipo de proficiência para compreender formas complexas de expressão, pois as terminações dos casos e partes da linguagem funcionam como ferramentas precisas e confiáveis de pensamento.

O que custa a uma pessoa dominá-los? Especialmente uma faculdade: capacidade de lembrar-se desses elementos gramaticais e de perceber, rápida e simultaneamente, a relação entre cada uma das palavras e as imagens que elas evocam. O homem que escreveu este diário não dispunha mais da capacidade para captar desse modo instantâneo padrões complexos (de relações, quer espaciais, quer lingüísticas). O dano de seu córtex cerebral afetara exatamente as partes do cérebro que possibilitam que alguém avalie o que viu (como diriam os neurologistas, "que sintetize simultaneamente partes distintas em um todo completo").

Isso explica por que a destruição das funções cerebrais que descrevemos anteriormente afetaram não só sua capacidade de orientar-se espacialmente, mas também criaram problemas insuperáveis quando ele tentava operar com a linguagem. Padrões sintáticos complexos são impenetráveis a um paciente que não consegue captar imediatamente as inter-relações entre as palavras e conceber mentalmente o que elas implicam.

Diante das duas frases acima mencionadas ("o irmão do pai", "o pai do irmão"), este paciente supunha de início que elas eram perfeitamente claras; em ambos os casos, conseguia interpretar as palavras "irmão" e "pai". Mas o que fazia com essas frases? Compreendia ele a relação entre os dois substantivos ou o que designava cada uma das construções gramaticais? Isso lhe era impossível; elas pareciam idênticas, ainda que diferentes. Não conseguia ir além da impressão superficial das palavras para atingir o significado implícito à sua disposição. E o mesmo sentimento de peculiaridade ele sentia com as seguintes frases: "o círculo sob o quadrado", "o quadrado sob o círculo". Como em ambas ocorriam palavras idênticas, elas pareciam referir-se à mesma coisa, muito embora tivesse um claro sentimento de que havia entre elas alguma diferença.

As frases que expressam comparações estavam simplesmente fora de seu alcance – mesmo uma tão simples quanto: "Uma mosca é maior do que um elefante?" No correr dos anos, realizamos milhares de experimentos com este paciente, empregando grande variedade de construções gramaticais para tentar avaliar precisamente quais os signos da linguagem que seu cérebro danificado conseguia captar. A análise lingüística tornou-se, pois, importante ferramenta da pesquisa psicológica. Contudo, nosso paciente passou a ser um instrumento igualmente importante, mediante a avaliação dos problemas inerentes a estruturas gramaticais específicas.

Cada vez mais fomos levados a uma conclusão que, afinal, tornara-se evidente por si mesma: dos dois tipos de sintaxe que descrevemos, este homem só era capaz de compreender aquele em que a ordem das palavras coincidia com a seqüência das ações. Tais frases não empregam signos complexos com os quais as idéias podem ser organizadas. Assim, a seguinte seqüência de sentenças era clara para ele: "O inverno chegou. Ficou frio. Caiu neve. O lago congelou. As crianças foram patinar no gelo". Ele também conseguia captar sentenças mais complexas como as seguintes: "A mãe e o pai foram ao teatro, enquanto a velha ama e as crianças ficaram em casa". Neste caso, a ordem das palavras corresponde à das idéias e combinam com uma progressão simples e lógica de imagens.

Outra sentença, porém, com o mesmo número de palavras, era difícil de ele entender: "Na escola de Dunya uma das operárias da fábrica fez um relatório"[7]. O que isso significava para ele? Quem fez o relatório: Dunya ou a operária da fábrica? E onde Dunya estudava?

---

7. Em russo, ambas as sentenças consistem de doze palavras, mas a última é uma sentença composta que traduzida literalmente diz: "Na escola em que Dunya estudava veio uma operária da fábrica fazer um relatório" (N.T. para o inglês).

Quem veio da fábrica? Onde ela falou? Para quem entende as construções gramaticais usadas nessa sentença, as respostas a essas perguntas são óbvias. Mas o cérebro danificado desse homem era incapaz de combinar e sintetizar os elementos distintos da sentença, perceber as relações entre eles e enxergá-la como uma idéia coerente. Embora tentasse desesperadamente compreender a sentença, isso estava fora de seu alcance.

Encontrava problemas semelhantes com uma oração que mencionamos anteriormente: "Há um ninho de passarinho no galho da árvore". Essa oração de cartilha infantil parecia-lhe, de início, muito simples, e contudo ele acabava tendo exatamente o problema que assinalamos antes: as palavras *galho*, *árvore*, *passarinho* e *ninho* pareciam não inter-relacionar-se. Como, então, iria ele combiná-las numa estrutura coerente?

Depois de iniciados nossos experimentos, novos registros apareceram em seu diário, datadas dos meses imediatamente depois de eu o haver conhecido, quando deu entrada no centro de reabilitação e começou a trabalhar com terapeutas. Ele registrou suas experiências com a linguagem durante todos os vinte e cinco anos em que manteve o diário. Seus problemas com a linguagem tornaram-se o ponto central de todas as tentativas frustradas que seu cérebro danificado era obrigado a fazer:

> O médico mostrou-me um quadro e me perguntou o que era. Eu via duas figuras ali, mas levou algum tempo para eu responder. Então eu disse: "Esta é uma mulher... e esta é uma menina". Ele explicou que eram mãe e filha. Agora parece estranho, mas realmente eu não compreendia mais palavras como aquela. Devo ter olhado para ele muito espantado, porque o médico me perguntou se eu sabia o que queria dizer *filha da mãe*, se isso se referia a uma ou a duas pessoas.

> Eu não compreendia aquele quadro. Sabia o que significavam as palavras *mãe* e *filha*, mas não a expressão *filha da mãe*. O médico disse para eu dar qualquer resposta

que eu pudesse, então eu levantei dois dedos para mostrar que eu achava que as palavras significavam duas pessoas – uma mãe e uma filha. Mas depois ele me perguntou o que queria dizer *mãe da filha*. Pensei por um longo tempo, mas não consegui imaginar e simplesmente mostrei as duas figuras no quadro. As expressões *filha da mãe* e *mãe da filha* soavam como a mesma coisa para mim, de modo que eu lhe disse muitas vezes que eram a mesma coisa.

Não fui mais longe do que isso no dia seguinte, em relação a outro quadro que ele me mostrou. Ele indicou as figuras no quadro e perguntou se eu sabia o que queriam dizer as palavras *cachorro do dono*. Tive que pensar outra vez por algum tempo, mas finalmente disse que era como a expressão *filha da mãe* – que significava duas coisas, um dono e um cachorro. E outra vez mostrei dois dedos. Então ele me disse para lhe mostrar o *cachorro do dono* (dog of the owner). Pensei, pensei e, finalmente, lhe disse que *cachorro do dono* (owner's dog) e *cachorro do dono* (dog of the owner) eram a mesma coisa[8]. Eu não entendia muito bem essas expressões; simplesmente sentia que as duas palavras nelas estavam estreitamente relacionadas, mas não sabia como.

Também me atrapalhava com expressões como: "Um elefante é maior do que uma mosca?" e "Uma mosca é maior do que um elefante?" Eu só conseguia imaginar que uma mosca é pequena e um elefante é grande, mas não compreendia as palavras *maior* e *menor*. O problema principal é que eu não conseguia compreender a que palavra elas se referiam.

Naturalmente sei o que são um elefante e uma mosca, qual deles é grande e qual é pequeno. Mas simplesmen-

---

8. Em russo, ambas as frases consistem somente dos dois substantivos com inflexões diferentes (N.T. para o inglês).

te não compreendia as palavras *menor* e *maior* nessas expressões. Meus olhos e minha mente iam e vinham sobre essas palavras tentando decifrar qual era a resposta certa. Ainda não estou certo e, às vezes, me sinto desamparado quando tento entender o sentido dessas palavras *maior* e *menor*.

De certo modo, sempre penso que a expressão: "Uma mosca é menor do que um elefante" significa que eles estão falando sobre um elefante muito pequeno e uma mosca grande. Mas quando eu perguntava sobre isso a outros pacientes, eles me diziam que significava exatamente o contrário. Eu tentava me lembrar disso, mas o doutor expressava a idéia de muitas maneiras diferentes: "Uma mosca é menor do que um elefante, ou maior?"; "Uma mosca é maior do que um elefante, ou menor?"; "Um elefante é maior do que uma mosca, ou menor?"; "O que é maior – um elefante ou uma mosca?"

Eu pensava e repensava sobre essas coisas, mas ficava todo confuso. Parecia que minha mente ia a galope para frente e para trás tão rapidamente que minha cabeça doía ainda mais. Assim, de um modo ou de outro, eu sempre errava e ainda não compreendo essas coisas.

Muitas vezes A.R., ou O.P., dizia: "Desenhe um círculo sobre uma cruz. Que figura vai ficar em cima e qual vai ficar embaixo?" Eu ficava todo atrapalhado e não conseguia responder imediatamente. Eu precisava pensar e considerar a questão por algum tempo, mas não conseguia compreender como desenhar aquilo. Simplesmente não conseguia responder ou dizia o que quer que me viesse à cabeça. Desde que fui ferido não fui mais capaz de imaginar coisas como essa – onde o círculo deve estar (em cima ou embaixo). E mais ainda, você não consegue inverter as palavras para dizer: "uma cruz sobre um círculo". Essas duas expressões soam igual para mim, mas O.P. diz que "um círculo sobre uma cruz" e "uma cruz sobre um círculo" significam coisas diferentes. Ela fica me explicando que a palavra *sobre* significa *acima* e sob significa *abaixo*. Mas eu simplesmente não consigo imaginar a que se refere aquele *sobre* na expressão "círculo sobre uma cruz". Por mais que eu pense sobre isso, nada me ocorre. Por alguma razão, não consigo compreender esse tipo de coisas.

Houve tempo em que eu sabia e me lembrava do que significavam as palavras *acima* e *abaixo* (a lâmpada está acima da cama; a cama está abaixo da lâmpada). Mesmo assim, eu ficava todo atrapalhado e confuso ao tentar responder a pergunta de O.P. Eu reconhecia o sentido das palavras *sobre* e *sob*, mas não conseguia ligá-las às duas coisas – *círculo e cruz*. Continuo não conseguindo fazer isso. Há muitas idéias como essa que não consigo compreender ou recordar imediatamente; simplesmente não consigo captá-las quando tento falar ou lembrar.

No começo, eu não conseguia entender de modo algum as palavras *emprestar* ou *tomar emprestado*. Para mim, era mais fácil compreender uma oração como: "Sônia deu 100 rublos a Varya", ou "Varya deu 100 rublos a Sônia". Porém, não conseguia imaginar o que significava "Ivan tomou emprestado 30 rublos de Sérgio". Quem recebeu o dinheiro?

O doutor mostrou-me um álbum com figuras de diferentes carros coloridos e me perguntou se o carro preto era menor do que o carro branco, porém maior do que o vermelho. Para mim, era muito difícil imaginar essas palavras. Além disso, havia muitos deles. Desde que fui ferido só sou capaz de comparar uma única palavra com outra – uma única idéia. E nesse caso havia tantas idéias diferentes que eu ficava terrivelmente confuso. Eu podia ver na figura um carro preto grande, depois um carro branco que era um pouco menor, e depois um carro vermelho – o menorzinho deles. Olhando para eles, conseguia entender de que tamanho era cada um. Mas simplesmente não conseguia compará-los e captar as idéias de *menor* e *maior*. Não sabia a qual dos carros essas palavras se referiam.

Depois que fui ferido, acabei por me lembrar das letras do alfabeto outra vez, embora isso me custasse muito trabalho. Mas simplesmente não consigo me lembrar da ligação entre palavras como *menor* ou *maior*. Levo muito tempo para conceber uma resposta até mesmo para perguntas que eu mesmo me faço. Quando as palavras nessas perguntas são mudadas de lugar, o sentido muda completamente. Por isso é que nunca posso ter certeza da resposta a uma pergunta simples, mesmo quando sei o que são um elefante e uma mosca. Você pode dispor essas poucas palavras de mil maneiras diferentes, e minha memória simplesmente não dá conta disso. E se tenho problemas para entender uma coisa tão fácil como essa, fico realmente em apuros quando tento compreender uma pergunta como: "O círculo está acima ou abaixo do triângulo?" E há milhares de idéias ainda mais complicadas do que essa. Desde que fui ferido, não sou mais capaz de entender o que significam orações como essa – especialmente se tento fazer isso depressa, imediatamente. Levo muito tempo para compreender apenas uma só oração como essa. Fico indo e voltando de uma parte da oração para outra, tentando entender qual é a resposta certa.

Às vezes procuro entender essas perguntas simples a respeito do elefante e da mosca, decidir qual está certa ou errada. Sei que quando se dispõem as palavras de modo diferente, o sentido se altera. No começo, não achava que isso acontecia, parecia não fazer nenhuma diferença dar ou não novo arranjo às palavras. Mas depois de pensar algum tempo sobre isso, percebi que o sentido das quatro palavras (*elefante*, *mosca*, *menor*, *maior*) se alterava quando as palavras estavam numa ordem diferente.

> Mas meu cérebro, minha memória, não conseguem entender imediatamente a que se refere a palavra *menor* (ou *maior*). Assim, sempre tenho que pensar sobre elas durante algum tempo. Naturalmente, entendi há muito tempo que a expressão "Uma mosca é menor do que um elefante" está correta. Mas ainda me toma muito tempo pensar a respeito dos diversos arranjos dessas palavras. Isso não tem nada a ver com as letras nas palavras. Tornei a aprender o alfabeto e agora consigo reconhecer todas as letras (ainda que não imediatamente). Só que as palavras nessas orações possuem um sentido inteiramente diferente quando a gente as muda de lugar. Assim, às vezes expressões ridículas como "uma mosca é maior do que um elefante" parecem-me corretas e tenho que pensar sobre elas ainda por mais tempo. E há um número infinito de expressões desse tipo que as pessoas usam. Assim estou sempre me atrapalhando e tendo ainda mais dificuldades para compreender quando tenho aqueles acessos. Os ataques tornam isso ainda mais difícil.

Logo ficou evidente que a incompetência deste homem para compreender a lógica implícita nas construções gramaticais constituía sua principal incapacidade, uma das indicações mais seguras de que funções cerebrais haviam sido danificadas. Ele próprio reconhecia isso e, tendo aprendido o termo "afasia intelectual" com os médicos, usava-o para descrever o mal de que sofria. Com a precisão de um pesquisador experimentado, forneceu-nos uma análise detalhada e coerente de seus problemas:

> Quando uma pessoa tem um grave ferimento na cabeça, ou sofre de uma doença cerebral, não compreende mais nem reconhece o significado de palavras imediatamente e não consegue pensar muitas palavras quando tenta falar ou pensar. E vice-versa: não consegue formar uma imagem de uma coisa ou de um objeto quando ouve ele ser mencionado, mesmo quando já conheça a palavra.
>
> Devido à sua doença, também não consegue orientar-se no espaço, ou perceber imediatamente de onde vem um

som. Está sempre hesitante, move-se para trás e para a frente antes de conseguir acertar no alvo (por exemplo, golpeará e errará muitas vezes antes de conseguir meter um prego numa cerca ou num celeiro). Devido a seu ferimento e à sua doença, sua memória está prejudicada, não consegue lembrar-se de nada. Essas são as conseqüências de um ferimento grave na cabeça.

A tudo isso é que chamo de "afasia intelectual". Uso essa expressão para significar tudo aquilo que impede que eu me lembre de palavras e que seja capaz de pronunciá-las, e de visualizar objetos quando os ouço ser mencionados, e de compreender inúmeras palavras em russo que se inter-relacionam e permitem que se compreendam idéias. Quando penso no meu passado – os diversos hospitais para onde os médicos me mandaram – aí é que compreendo meu infortúnio.

Ele estava consciente de quão catastróficos eram seus sintomas, mas estava determinado, custasse o que custasse, a recuperar o que havia perdido. Esse foi o começo de uma luta para restaurar sua capacidade de pensar, de compreender o que era incompreensível. Ele foi orientado por inúmeros psicólogos e terapeutas experientes; juntamente com ele, eles puseram em prática dezenas de métodos – técnicas de apoio, um algoritmo do comportamento.

Procuravam ajudá-lo a analisar e a raciocinar mediante construções verbais difíceis, explicando que, com uma frase como "o irmão de meu pai" [*my father's brother*] ele tinha que se perguntar: "Irmão de quem?" [*Whose brother? Brother of whom?*]. Analogamente, com relação à expressão: "um círculo sobre uma cruz". Virando a figura de cabeça para baixo, eles lhe mostravam quais relações se designavam por "sob" e "sobre". Relativamente a comparativos, procuravam explicar-lhe cada elemento da maneira mais concreta possível: "Um elefante é maior do que uma mosca" significa que um elefante é grande. Maior do que *o quê*? Do que a mosca – essa pequena, pequenina mosca.

Poderia parecer que eles substituíram operações breves e sucintas por técnicas de apoio, muletas para a compreensão, que implicavam considerações demoradas e detalhadas. Contudo somente mediante esses recursos ele começou a compreender o significado de construções gramaticais complexas. Sua luta, porém, nem sempre foi completamente bem-sucedida. Apesar da esperança que ele depositava nela, houve momentos de desespero angustiante, pois cada êxito que alcançava vinha lentamente. Depois de passados muitos anos, ele ainda não dominava imediatamente as construções gramaticais.

Depois de vinte e cinco anos de exaustivo esforço, frases como aquelas discutidas anteriormente continuavam a ser enigmas completos para ele. E a menos que passasse por uma análise prolongada de cada termo de uma expressão comparativa, uma alteração na ordem das palavras simplesmente não lhe dizia nada; como antes, as expressões sempre lhe pareciam ambíguas – idênticas, embora algo diferente. Mesmo depois de analisar essas expressões, ainda não tinha certeza quanto ao seu significado.

"Todo o meu conhecimento se perdeu"

Os problemas difíceis, realmente impossíveis, que ele enfrentou na tentativa de compreender as relações expressas nas construções gramaticais deram origem a um problema mais profundo: a impossibilidade de recuperar qualquer conhecimento que adquirira no correr de seus anos de estudo.

O que alguém aprende na escola e em seu campo especializado enquadra-se numa estrutura completa de idéias, o corpo global de conhecimento que a educação representa. Ninguém pode simplesmente "recordar" a matemática, tanto quanto não pode "recordar" o *Capital* de Marx. Aprender e compreender significa absorver idéias que a memória retém de forma sucinta, como uma espécie de esboço ou resumo. Num momento posterior, será possível reviver esse conhecimento e expandi-lo. Claro que é possível que uma pessoa esqueça temporariamente certos princípios da matemática ou da hereditariedade, mas essa informação "esquecida" retorna prontamente quando ela refresca sua memória. O conhecimento não está armazenado na memória como mercadorias num armazém, ou livros numa biblioteca, mas é preservado mediante um sistema sucinto de codificação que cria uma estrutura de idéias. Portanto, o que quer que a memória tenha retido desse modo conciso pode ser revivido e desenvolvido.

Era precisamente essa faculdade que faltava a este paciente, cujo ferimento havia destruído exatamente os setores do córtex que resumem pedaços sucessivos de informação e os convertem em padrões sucintos que podem ser captados simultaneamente. Assim que ele tentou recuperar o conhecimento que tivera outrora, isso se tornou evidente. E essa perda foi um golpe que o atingiu de maneira catastrófica:

> Não me lembro de nada, de absolutamente nada! Apenas pedaços isolados de informação que tenho a impressão de que têm a ver com uma área ou outra. Mas é só isso! Não tenho nenhum conhecimento verdadeiro de qualquer assunto. Meu passado foi simplesmente apagado!
>
> Antes de ser ferido, eu compreendia tudo o que as pessoas diziam e não tinha problema algum para aprender qualquer ciência. Depois, esqueci-me de tudo quanto aprendi a respeito de ciência. Toda minha educação se perdeu.
>
> Sei que freqüentei a escola elementar, que me graduei com louvor na escola média e que completei três anos de cursos no Instituto Politécnico de Tula, fiz um trabalho avançado em química e, antes da guerra, completei todos esses requisitos antes do prazo. Lembro que estava na frente ocidental, que fui ferido na cabeça em 1943, ao tentar romper as defesas alemãs em Smolensk, e que nunca mais consegui pôr minha vida em ordem outra vez. Mas não consigo me lembrar do que fiz ou estudei, das ciências que aprendi, das matérias que cursei. Esqueci-me de tudo. Embora tenha estudado alemão

durante seis anos, não consigo lembrar uma só palavra, nem sequer reconhecer uma única letra. Lembro também de ter estudado inglês durante três anos inteiros no instituto. Mas dessa língua também não lembro uma só palavra. Esqueci tão completamente essas línguas, que podia muito bem nunca ter estudado nenhuma delas. Palavras como *trigonometria*, *geometria sólida*, *química*, *álgebra*, etc. vêm à minha mente, mas não tenho idéia do que elas significam.

Tudo o que me lembro de meus anos na escola secundária são algumas palavras (como tabuletas, nomes de matérias): *física*, *química*, *astronomia*, *trigonometria*, *alemão*, *inglês*, *agricultura*, *música*, etc., que agora nada significam para mim. Simplesmente tenho a sensação de que me são de algum modo familiares.

Quando ouço palavras como *verbo*, *pronome*, *advérbio*, elas também me parecem familiares, embora não consiga compreendê-las. Naturalmente, conhecia essas palavras antes de ser ferido, embora não consiga compreendê-las agora. Por exemplo, ouço uma palavra como *pare*! Sei que essa palavra tem a ver com a gramática – que ela é um verbo. Mas isso é tudo que sei. Um minuto depois, é provável até que me esqueça da palavra *verbo* – ela simplesmente desaparece. Ainda não consigo lembrar ou compreender gramática ou geometria, porque minha memória se perdeu, parte de meu cérebro foi removida.

Às vezes pego um livro didático sobre geometria, física ou gramática, mas fico enfadado e ponho-o de lado, já que não consigo entender esses livros, mesmo os da escola média. E mais ainda, minha cabeça dói tanto se tento compreendê-los, que basta eu olhar para eles para ficar nervoso e irritado. Um tipo insuportável de fadiga e de aversão por tudo isso me domina.

Terapeutas tentaram ensiná-lo. Ele lutou para recuperar uma pequena parte do conhecimento que perdera e sentava-se durante horas diante de um problema ou de um teorema que antigamente teria entendido imediatamente. E era tudo em vão:

> M.B., um jovem que se formou recentemente em filosofia, tentou ensinar-me geometria. No começo, usou um texto da escola média para explicar alguns conceitos de geometria, como "ponto", "linha", "plano" e "superfície". Depois, começou a discutir teoremas. O estranho é que eu me lembrava de antigamente haver sabido aqueles teoremas, muito embora não conseguisse compreender nenhum deles. Tinha esquecido até o que significavam "plano", "linha" e "superfície", e embora M.B. explicasse essas coisas por várias vezes, ainda assim não consegui lembrar delas, ou compreendê-las. E eu me sentia sem jeito, sabendo o quanto deveria parecer maluco e burro. Então, enquanto ele falava, eu simplesmente ficava dizendo "sim, sim", como se entendesse tudo, embora não conseguisse acompanhar nenhuma de suas explicações. Eu não conseguia captar as palavras que ele usava, nem compreendê-las. Tinha que me valer na maior parte das vezes de figuras – desenhos e esboços de figuras. Sem elas, nenhuma das explicações verbais "me entrava na cabeça". Sempre tinha que comparar o que estava escrito sobre os esboços – "Isto é uma linha, um ponto, um plano" – com o desenho que estava ali. Mas ainda não consigo explicar ou definir qualquer desses conceitos, não importa quantas vezes eu revise a explicação. Tudo isso parece estranho, até mesmo para mim. Minha cabeça está sempre doendo e parece envolta em uma névoa, como se eu estivesse sempre embriagado. Por alguma razão, não consigo compreender palavras como "superfície", "circunferência", ou qualquer tipo de linha – mesmo linhas e figuras planas. Só consigo entender o que percebo a partir dos esboços ou desenhos do livro, mas não de explicações escritas ou orais. Não consigo imaginar o que significam "graus de um ângulo" ou de uma "curva". Essas coisas não chegam até mim. Não tenho problemas em compreender figuras

planas, bem traçadas, mas não consigo compreender uma figura [*free-standing*] com volume, na qual se tem que visualizar, rearrumar e captar uma idéia em relação com tudo mais. Eu sei (embora seja difícil para mim) como conceber a área de um retângulo a partir do número de centímetros de dois lados. E sei que o comprimento elevado ao quadrado fornece a área de um quadrado. Mas simplesmente não consigo imaginar o que significam os "graus de um ângulo" ou de uma curva e relacioná-los com alguma coisa específica, como a área da Terra.

M.B. tentou até me ensinar o seguinte teorema: "O ângulo externo de um triângulo não adjacente a um ângulo interno é maior do que qualquer dos ângulos internos". No começo, não consegui compreender nenhum desses termos e suas definições (adjacente, ângulo, interno, externo), mas eles fizeram algum sentido depois que observei os esboços desenhados. O problema é que os teoremas vêm ligados, um após outro, e a gente tem que ser capaz de lembrá-los. E isso é impossível para mim. Tenho que comparar e tentar me lembrar do que palavras como *menor* e *maior* significam – a que elas se referem num teorema como esse. Sei o que querem dizer *menor* e *maior* em termos de quantidades. Mas quando uma sentença tem várias palavras entre esses termos, tenho dificuldade em compreender o que elas significam (não sei se elas se referem ao que vem antes ou ao que vem depois delas). Tenho que me basear em alguma coisa definida, como naquela pergunta simples sobre o elefante e a mosca. Então, consigo compreender a que a palavra *maior* se refere. Depois de uma luta prolongada, consigo finalmente compreender um teorema, mas me esqueço dele assim que passo para o seguinte.

Tenho sempre que travar uma luta com as definições de palavras e idéias com que deparo. Posso ter-me lembrado das palavras daquele teorema que M.B. me deu depois de um mês ou dois de treino diário, mas ele introduziu novos teoremas e definições. E uma vez que eu não conseguia me lembrar nem dos teoremas, nem das palavras da definição, nem dos conceitos, não aproveitei absolutamente nada das aulas. É isso o que acontece comigo. Se quero me lembrar de alguma coisa – mesmo um só teorema – tenho que dedicar um mês ou dois a isso. Com minha memória "afásica" não iria ter mais sorte com teoremas ou conceitos do que tenho com palavras. E a não ser que eu tenha a oportunidade de rememorar um certo teorema de vez em quando, esqueço-o completamente, como esqueci todos os outros teoremas que tentei aprender.

Assim acontece porque minha memória é tão ruim que jamais vou compreender nada de geometria, gramática, física, ou qualquer outra ciência. O que aconteceu à minha vida é simplesmente terrível. Essa estranha doença que eu tenho é como viver sem cérebro. O que lembro num dado momento desaparece no momento seguinte, de modo que não consigo compreender teoremas, e nem mesmo coisas simples do meu ambiente.

Ele tinha dificuldade não só com sistemas complexos de idéias, como geometria, física e gramática, mas com os processos aritméticos simples que são ensinados nos primeiros anos da escola elementar. Sua experiência com esses processos mostra que os sistemas numéricos simples não eram menos difíceis para ele do que conceitos científicos complexos:

Devido ao meu ferimento, esqueci-me de como fazer contas com os números. No começo eu não sabia nenhum número (esquecera-me deles, como me esquecera das letras do alfabeto). E assim, mais uma vez, ali estava eu sentado ao lado de uma professora, esperando que em breve acordaria daquele estranho e terrível sonho.

Eu olhava para um número durante algum tempo, mas se não conseguia me lembrar dele, tinha que esperar até que me viesse à cabeça. Finalmente, lembrei-me do primeiro número – 1 – e comecei a recitar o "alfabeto numérico" para mim mesmo, chegando até o 7, e quase gritando para a professora enquanto indicava o 7 no cartaz. Mas às vezes eu simplesmente não conseguia dizer se 6 x 6 era 36, 46, ou 40. Algumas vezes (eu mesmo reparei nisso) não estava certo nem mesmo de quanto era 2 x 2. Uma espécie de praga parecia fazer que minha mente danificada ficasse um vazio. Até recentemente ainda me confundia com as tabelas de multiplicação.

Quanto a isso, eu era como uma criança de cinco anos de idade. De saída, não sabia número algum. À medida que comecei a estudar, progredi muito mais depressa do que com as letras, porque os números são muito parecidos. Só se tem que lembrar os dez primeiros. Depois, eles se repetem, a não ser por algumas ligeiras mudanças ou acréscimos a eles.

Minha professora também queria que eu recitasse os números de trás para diante, mas isso era terrivelmente difícil. Mas depois eu fiz algum progresso. Quando eu acabava de contar até 10, minha professora dizia para eu eliminar o último número e ir de trás para diante na lista. Eu ainda não conseguia dizer a palavra "nove" imediatamente, mas tinha que contar de 1 até 8 para fazer isso.

No começo, tinha muita dificuldade para somar (afinal de contas, eu estava aprendendo de novo a fazer contas). Tinha sempre que recitar o "alfabeto numérico"; não conseguia me lembrar de imediato de nenhum dos números. Por exemplo: O.P. perguntava: "Se você somar 10 com 15, quanto você terá?" Primeiro, eu tinha que contar até 10 e ir falando os números até compreender que número ele designava; depois, contava de 10 a 15, de modo a saber de que número se tratava. A partir daí, eu tinha que contar nos dedos até 25.

Subtração era muito mais difícil. O.P. me dizia: "Se você tirar 10 de 20, quanto vai restar?" Eu começava a calcular. Primeiro, recitava os números até 20, depois passava de novo pelos primeiros dez, para pode dizer o número 10. Percebia então que 10 mais 10 eram 20, de modo que se eu pusesse de lado um dos 10, ficaria com 10. Eu resolvia o problema, mas muito, muito lentamente. Depois, eu imaginava como contar de dez em dez e não de um em um (eu não fazia isso em voz alta, mas murmurando comigo mesmo). Ia um pouco mais rápido desse modo, mas continuava sendo muito difícil.

No começo, O.P. disse para eu decorar as tabuadas de multiplicação. Eu tentei, mas sempre as confundia. Na verdade, lembrava de algumas delas corretamente (1 x 1, 2 x 2, 3 x 3, etc.). Depois disso, lembrava da tabuada do 5 e podia recitá-la até 10 x 5. Mas mesmo com isso freqüentemente tinha problemas de esquecer.

E quando O.P. começou a falar de "minuendo", "subtraendo", "resto" e "soma", "multiplicando" e "dividendo", eu só ficava olhando para ela – escutava aquelas palavras que me pareciam familiares, mas não conseguia me lembrar do que queriam dizer.

Para mim era mais fácil imaginar os números quando os escrevia, mas era muito difícil fazer isso em minha cabeça, e sempre tinha que empregar longos métodos indiretos. Se O.P. me dizia para subtrair 17 de 32 de cabeça, eu tinha que me pôr a trabalhar muito lentamente calculando e recalculando. Também tinha que lhe pedir para repetir os números várias vezes. Então, começava a calcular: "Tira 2 de 32. Sobra 30. Soma 3 ao 17 e temos 20. Tira 20 de 30. Sobra 10. Tira 7 de 10, sobra 3. Soma 10 com 3, temos 13. Havia tirado 2 do 30, então soma-o ao 13, temos 15. Se eu não tivesse empregado esse método indireto, indo para trás e para a frente desse modo, não conseguiria fazer. Quando posso escrever os números, é muito mais fácil para mim, muito mais rápido.

Já sei os significados de termos simples como "adição" e "subtração" (juntar e tirar), "multiplicação" e "divisão", mas às vezes esqueço deles, exatamente quando preciso utilizá-los. Simplesmente não consigo me lembrar de idéias como "diferença" e "quociente".

Eu vivia confundindo números e não conseguia chegar às respostas quando tentava adicionar ou subtrair de cabeça. No começo, tive muita dificuldade para compreender raízes quadradas. Logo me esquecia de como obter a raiz quadrada de 49, 0.49, 4, e 0.4 – não entendia coisas desse tipo imediatamente.

No começo, minha professora me mostrava como imaginar números (somá-los e subtraí-los) e um pouco depois começou a me ensinar as tabuadas de multiplicação. Depois de alguns meses, eu me lembrava da maioria delas, mas muitas vezes confundia números de tabuadas diferentes e às vezes não tinha certeza de quanto era uma coisa simples como 5 vezes 6.

Recentemente, minha professora tentou me dar alguns problemas simples de aritmética. Eu já tinha então aprendido a somar, subtrair, multiplicar e dividir, como as crianças fazem na escola elementar. Mas quando ela começou a falar de "subtraendo", "diferença" e "quociente", não conseguia lembrar dessas idéias, simplesmente tinha a sensação de que eram conhecidas. Naturalmente, depois de pouco tempo eu as compreendia. Mas não conseguia me lembrar de palavras como "item" e "diferença" e não podia empregá-las quando tentava trabalhar sobre um problema. Tentava imaginar se "quociente" tinha a ver com subtração, adição ou divisão. Minha professora me ajudava, mas a essa altura eu me esquecera do que queria dizer a palavra "diferença".

Esse era um obstáculo terrível em sua vida cotidiana. Não conseguia sequer imaginar quanto gastar no armazém ou como calcular o troco.

> Freqüentemente, não tenho certeza de se 5 x 5 são 25, 35 ou 45, e me esqueci completamente de alguns dos exemplos mais óbvios, como 6 x 7. Tenho que percorrer toda a tabuada de multiplicação para encontrar a resposta. Naturalmente, não tenho dificuldade em imaginar se uma resposta está certa quando estou em casa e posso escrever os números. Mas se tento imaginá-la de cabeça enquanto estou dando um passeio, ou comprando alguma coisa no armazém, sempre cometo erros.
>
> Por isso, não tento eu mesmo imaginar o quanto vou gastar quando compro alimentos no armazém. Simplesmente digo à balconista que quero meio quilo ou um quilo de alguma coisa. Entrego o dinheiro e ela me dá um recibo carimbado e o troco. Aí, dirijo-me ao funcionário que pesa o que quero comprar. Mas é difícil que eu sequer tente calcular o quanto tenho de gastar no armazém.

Esses problemas não se limitavam ao cálculo com números. Ele não conseguia jogar xadrez, damas, nem mesmo dominó, que antes jogava tão bem que quase invariavelmente ganhava.

> Antes de ser ferido eu era muito bom em quase todos os jogos mas, depois, esqueci como jogá-los. Somente muitos anos após meu ferimento é que vim a tentar jogar damas, xadrez e dominó, e na verdade nunca os aprendi de novo.
>
> Antes da guerra fui um bom enxadrista. Mas a partir do momento em que fui ferido esqueci como jogar ou como eram os nomes das peças. Esqueci essas coisas do mesmo modo que me esqueci dos números e das letras do alfabeto.
>
> Tentei jogar xadrez com alguns principiantes, mas levava muito tempo para imaginar como fazer um lance. Ainda não consigo me lembrar dos nomes das peças enquanto estou jogando. Às vezes me lembro do cavalo e do rei (o *tzar*), mas o resto fugiu da minha mente e não consegui lembrar delas nestes últimos vinte anos.

No hospital, eu usava nomes diferentes para as peças – chamava a rainha de *tsarevna* (quando conseguia me lembrar dessa palavra) e o rei de *tzar*. Quando chegava ao cavalo, pensava no cavalo de Budenny. Para a torre e o bispo troquei seus nomes pelas palavras *oficial* e *coroa*. Enquanto eu conseguia me lembrar dessas palavras era fácil, mas freqüentemente eu as esquecia enquanto estava jogando. E tinha o mesmo problema que tenho com a leitura. Meus olhos só conseguem ver duas ou três figuras sobre o tabuleiro. Como só consigo ver uma pequena parte do tabuleiro, sempre me esqueço das outras figuras que estão lá e perco a pista delas. E jamais consigo planejar nem um lance com antecedência.

Ainda assim, comecei a jogar de novo. Para ser mais exato, comecei a aprender a jogar. Logo soube como mover as peças e me lembrei de seus nomes, embora muitas vezes os confundisse. Era particularmente difícil mantê-los em mente enquanto jogava. Ainda tenho dificuldade em lembrar-me e agora procuro jogar sem dar nome às peças, porque não consigo pensar nas palavras imediatamente. No começo, joguei com principiantes que não conheciam nada do jogo e, depois, com pacientes que não eram exatamente principiantes, mas não jogavam muito bem porque também tinham ferimentos na cabeça. Levava um tempo terrivelmente longo para decidir que lance fazer. Muitas vezes, confundo as peças e perco a pista de outras no tabuleiro.

Não consigo planejar ou prever lances, pois tenho muita dificuldade para lembrar. Mas consigo planejar um lance antecipadamente, embora não consiga me lembrar do lance anterior. Jogo mal devido à minha memória e à minha visão ruins. Realmente, não consigo enxergar as peças no tabuleiro e preciso sempre ficar olhando para frente e para trás para ter uma visão geral. Mas isso é muito difícil! Fico com uma terrível dor de cabeça e pressão no meu corpo por causa de jogar e até me sinto mais zonzo. Minha cabeça está dentro duma névoa, vejo tudo como se estivesse meio dormindo – e isso se reflete no modo como jogo xadrez.

Praticamente a mesma coisa se dá com o jogo de damas. Embora deva admitir que fui um bom jogador antes de meu ferimento, depois me esqueci desse jogo também. Quando eu via as pessoas jogando damas no hospital, o jogo me parecia familiar. Mas quando tentava de fato jogar com um dos pacientes, esquecia de por quantas casas deslocar, ou em que direção. De modo geral, não conseguia me lembrar muito sobre o jogo. Então, em vez de jogar comigo, o parceiro começava a me ensinar. Era uma coisa divertida, mas era difícil de eu engolir. Logo aprendi como as damas e os "reis" se moviam e em geral conseguia lembrar-me durante o jogo das palavras que os designavam. Era muito mais simples do que lembrar dos nomes das peças de xadrez. Ainda assim, tinha alguns problemas mesmo com o jogo de damas. Muitas vezes tinha que pensar um bom tempo a cerca de cada lance, ficava confuso, esquecia os lances que haviam sido feitos e só conseguia pensar um lance adiantado. Não tinha mais conhecimento do que o meu adversário estava fazendo no jogo de damas do que no de xadrez.

O mesmo se dava com o dominó. Enquanto eu estava jogando parecia bastante fácil contar o número de pontos das peças (doze é o máximo em qualquer uma delas), mas era difícil para mim manter detalhes na cabeça. Eu me esquecia da peça que um jogador havia baixado e não conseguia somar os pontos das peças rapidamente. Ficava tão nervoso e ansioso quando jogava que me parecia melhor desistir. Levava tanto tempo para pensar sobre as peças, que as pessoas com quem eu jogava ficavam zangadas comigo. E eu sempre perdia, não importa quem tivesse por parceiro, já que me esquecia de qual peça um jogador tinha usado no momento em que ele a baixava. Mesmo havendo apenas vinte e oito peças no

> dominó, há quarenta e nove combinações de figuras. Eu conseguiria lembrar dessa quantidade? Por que tenho tanta dificuldade em jogar que não consigo ganhar nunca? Antes de ter sido ferido, eu ganhava de todo mundo no dominó, tanto que o jogo me aborrecia e dificilmente eu jogava. Agora que fui ferido, não consigo dominar esse jogo tão simples. E continuo jogando desse modo, porque minha memória (que tem que raciocinar, mesmo num jogo como esse) e minha vista foram muito prejudicadas com aquele ferimento.

Esses problemas afetavam não só sua habilidade no xadrez, damas e dominó. Quase todas as situações sociais – conversa, cinema, concertos – tornaram-se extremamente difíceis. Cenas simples da vida cotidiana era o máximo que conseguia compreender nas fitas de cinema. Qualquer coisa um pouco mais complicada dificilmente fazia sentido para ele:

> Vou ao cinema muito freqüentemente. Gosto de assistir a filmes, isso torna a vida menos aborrecida. O único problema é que, desde que fui ferido, não consigo ler as legendas na tela, leio devagar demais para isso. Quando consegui perceber algumas palavras, um novo assunto aparece na tela. E eu não consigo enxergar a tela inteira, somente uma parte à esquerda do centro. Se eu quero enxergar o quadro inteiro tenho que ficar olhando para trás e para a frente nas diversas partes da tela. Por isso é que me canso tão depressa e fico com uma dor de arrebentar nos olhos e na cabeça. Como não consigo ler nada das legendas, não compreendo os filmes mudos. Mesmo quando há uma trilha sonora e não tenho que ler nada, ainda assim tenho dificuldade para compreender. Antes que eu consiga perceber o que os atores estão dizendo, começa outra cena.
>
> Em geral, só compreendo coisas muito simples que conheço desde que era criança. Se alguma coisa no filme faz a platéia rir, eu fico tentando entender o que é tão engraçado. A única coisa que consigo compreender é quan-

do duas pessoas começam a discutir, a lutar e um derruba o outro. Consigo entender isso sem palavras. Mas depois de ter assistido a um filme, não consigo lembrar nada dele, mesmo que tenha achado que entendi alguma coisa.

A mesma coisa acontece com os concertos. Vejo e ouço os executantes, mas não consigo compreender as palavras das canções; não dá tempo de pegá-las. Para mim não passam de palavras, não consigo retê-las na mente – num minuto elas desaparecem.

Ele gostava de música tanto quanto antes e tinha facilidade para se lembrar das melodias de canções, mesmo que não se lembrasse das letras. Isso significa que as canções também pareciam fragmentadas, consistindo de uma parte melódica que conseguia compreender e de um conteúdo que absolutamente não entendia.

É como o que aconteceu com minha memória e minha capacidade para falar. Tenho o mesmo problema com a letra de uma canção quanto com a conversação. Mas consigo captar a melodia automaticamente, do mesmo modo que era capaz de recitar automaticamente o alfabeto antes de aprender a reconhecer as letras.

Esse era outro exemplo da ruptura que se dera pelo fato de que algumas funções cerebrais se mantiveram intactas enquanto outras foram totalmente destruídas. Por isso, embora incapaz de perceber o assunto de uma conversa simples, ou de muitas construções gramaticais, ele nos deixou uma descrição espantosamente precisa de sua vida. Isso exigia dele um esforço sobre-humano para escrever cada uma das páginas de seu diário e, no entanto, escreveu milhares delas. Apesar de sua incapacidade para resolver problemas elementares, foi capaz de apresentar um relato vívido de seu passado. Mais ainda, possuía ainda uma imaginação poderosa, uma capacidade acentuada para a fantasia e a empatia. Vejamos algumas das páginas de seu diário nas quais tentou imaginar vidas totalmente diferentes da sua:

Digamos que sou um médico examinando um paciente que está gravemente doente. Estou terrivelmente preocupado com ele, aflijo-me com ele de todo o coração. (Afinal de contas, ele também é humano, e está desamparado. Eu também posso ficar doente e precisar de ajuda. Neste momento, porém, é a respeito dele que estou preocupado – sou o tipo de pessoa que não posso deixar de ajudar.)

Mas digamos que sou completamente outro tipo de médico – alguém por demais entediado com os pacientes e suas queixas. Para começar, não sei por que estudei medicina, porque na verdade não quero trabalhar nem ajudar ninguém. Farei isso, se isso me render alguma coisa, mas que me importa se um paciente morrer? Não é a primeira vez que terá morrido alguém e não será a última.

Posso imaginar como seria ser um famoso cirurgião que salvou muitas vidas. As pessoas são gratas a mim, chamam-me de "salvador". Sou feliz por poder agir assim, uma vez que valorizo a vida humana. Por outro lado, consigo imaginar ser outro tipo de cirurgião. Não consegui boa reputação porque fracassei muitas vezes, embora considere que não foi culpa minha, do paciente, ou da minha atitude. De todo modo, prefiro o teatro, a dança, as festas, e uma vida fácil, do que a medicina. A única coisa que importa é meu conforto, embora, é claro, não admita isso para as pessoas.

Mas também consigo imaginar uma vida totalmente diferente, a de alguém que trabalha como faxineira. A vida é dura, mas que fazer? Não sou suficientemente inteligente para qualquer outro tipo de trabalho e mal sei ler ou escrever. E agora estou velha.

Se eu fosse um grande engenheiro, dirigir uma fábrica não seria problema, uma vez que tenho relações com muitas outras fábricas e gerentes. Naturalmente, a vida seria muito mais fácil para mim do que para uma faxineira ou um estivador.

E se eu fosse uma mulher com uma doença que fizesse minha cabeça inchar tanto que eu ficasse praticamente fora de mim com a dor, e eu gritasse para todo o mundo no hospital, noite e dia. Ainda assim, não desejaria morrer. Estou preocupada com meu filho, cujo crânio foi fraturado tão gravemente na parte de trás que ele teve o cérebro danificado, mal pode ver, sente-se atordoado o tempo todo e tornou-se analfabeto. Também me preocupo porque não sei o que aconteceu com meu outro filho. A última notícia que tive dele foi que estava com as tropas na Lituânia, em 1941. Toda essa aflição atormenta-me noite e dia.

Sua imaginação vívida não sofreu danos com seu ferimento. (Alguns neurologistas acreditam que essa faculdade é controlada pelo hemisfério direito do cérebro.) Ela lhe permitia ter algum alívio momentâneo do esforço que fazia para enfrentar um mundo que se tornara tão incompreensível.

Uma história que não tem final

Embora tenhamos chegado ao fim desta história, na verdade ela não tem um final verdadeiro. Esse homem continua vivendo com a família em Kimovsk que, com o correr dos anos, tornou-se uma cidade muito maior, cheia de prédios de três e quatro pavimentos. Como nos anos anteriores, ele se senta toda manhã diante de sua escrivaninha, escrevendo sua história, tentando expressar-se melhor, descrever a esperança e o desespero que fazem parte de sua eterna luta.

Seu ferimento sarou há vinte e cinco anos, mas a formação de tecido cicatricial resultou em ataques. As áreas danificadas do córtex cerebral não puderam ser restauradas. Por isso, quando tentava pensar, sua mente tinha que contornar essas áreas destruídas e empregar outras faculdades com as quais aprender e tentar recuperar algumas habilidades perdidas.

Ele desejava desesperadamente despertar desse sonho terrível, romper a desesperação da estagnação mental, achar o mundo claro e compreensível, em vez de ter que buscar com dificuldade cada uma das palavras que pronunciava. Mas era impossível.

> O tempo voa. Já se passaram mais de duas décadas e continuo preso a um círculo vicioso. Não consigo livrar-me dele e me tornar uma pessoa saudável com uma memória e uma mente claras.

> As pessoas comuns jamais compreenderão a extensão de minha doença, jamais saberão o que ela é, a menos que a experimentem pessoalmente.

Então voltava-se para o passado, pois não conseguia compreender por que o mundo se tornara tão peculiar, por que a guerra era necessária, ou encontrar alguma justificação para o que lhe havia ocorrido. Vinte e cinco anos atrás, fora um jovem bem-dotado com um futuro promissor. Por que teve que perder a memória, esquecer todo o conhecimento que adquirira, tornar-se um inválido desamparado, condenado a lutar pelo resto da vida? Isso simplesmente escapava à sua compreensão:

> Não consigo compreender por que opressão e escravidão existem em outros países. A terra é suficientemente rica para nos alimentar e vestir a todos nós, para atender a mais do que as necessidades básicas, para animar as vidas das gerações vindouras. Que necessidade há de guerra, violência, escravidão, opressão, morticínio, execuções, pobreza, fome, sobrecarga de trabalho, ou desemprego, em países que possuem tanta riqueza?

Ele continua a tentar recuperar o que era irrecuperável, a tentar extrair algo de compreensível de todos os retalhos e pedaços que restam de sua vida. Voltou à sua história e ainda trabalha nela. Ela não tem um final.

"Se não fosse a guerra..." – À guisa de epílogo

Quantas tragédias a guerra criou? Quantas pessoas morreram, ficaram aleijadas, foram desprovidas de toda oportunidade de uma vida produtiva? Sabe lá quantos daqueles que a guerra aleijou e destruiu poderiam ter sido grandes pessoas – os Lomonosovs, os Pushkins, os Mendeleievs, os Tolstóis, os Dostoievskis, os Tchaikovskys, os Pavlovs e os Gorkys de nosso tempo? Dentre eles, alguns poderiam ter sido grandes cientistas que teriam tornado a vida ainda mais brilhante, mais promissora.

Se não fosse a guerra, o mundo já se teria tornado há muito tempo um grande lugar para se viver. Nestes tempos, temos uma oportunidade de construir e criar um mundo bom e belo, de alimentar, vestir e abrigar a humanidade toda, não só a geração atual mas as dos séculos vindouros.

A água e a terra deste mundo possuem um suprimento infinito de energia e de matérias-primas, não é preciso temer que se tornem escassas. Brevemente haverá vôos para o espaço exterior – primeiro para a lua e para os planetas mais próximos. Isso nos oferecerá maior oportunidade ainda para enriquecer a vida com elementos e substâncias raras, que podem ser mais abundantes em outros planetas que não a terra. Poderíamos fazer isso, se não fosse a guerra...

ÍNDICE

"amortecida", condição cortical (Pavlov) 116
afasia
   intelectual 135-136
   de Zasetsky 94, 135-136
traumática (Luria) 11
agnosia óptica 47
amnésia de Zasetsky, ver "fala-memória"
análise lingüística 123, 129-130
   ver também construções gramaticais; linguagem; palavras
aritmética, perda do conhecimento de, por Zasetsky 141-146

bloco energizador do cérebro 43-46
Broca, Paul 49

casos, terminações de, em construções gramaticais 125-130
células estelares do córtex 45-46
cérebro 10, 14, 21-52
   blocos do 43-46, 48, 50-51
   córtex do, ver córtex
   ferimento do 46, 48, 50-51, 116, 130-131
   hemisférios do 42, 45-46
   mapas do 13
   núcleos subcorticais do 42
   e o princípio da eqüipotencialidade 14
   e o princípio da localização de função 13
   seção auditivo-vestibular (temporal) do 48
   Seção táctil-motora (parietal) do 48

seção visual (occipital) do 48
tronco do 43
tumor do 10
choque elétrico 46
cinema, Zasetsky no 149-150
cognição: fatores que afetam a 47-48
 e linguagem 49-50
compreensão 123
construções gramaticais 123-137
 ver também análise lingüística, linguagem, palavras
corpo, a sensação de corpo, de Zasetsky 57-60
córtex
 células estelares do 45-46
 em condição "amortecida" 116
 ferimento do 46, 48, 50, 116, 128
 e "lei da força" 116
 setores terciários do 48-50
 visual primário 45-46
 visual secundário 45-46

dominó, jogado por Zasetsky 148-149

elétrico, choque 46
empatia, capacidade de Zasetsky para a 150
escrita, como habilidade automática 80-81
 de Zasetsky 81-93
estrutura de orações extensas 123-124
"Eu lutarei" (Zasetsky) 85

fala
 compreensão da 123-125
 partes da, relações expressas por meio de 127
 "fala-memória", traços peculiares da, de Zasetsky, 106-112
 perda da, por Zasetsky 94-101, 138-139

recuperação da, por Zasetsky 101-106
ver também memória
fantasia, capacidade de Zasetsky para a 150

geometria, perda do conhecimento de, por Zasetsky 139-141
Goldstein, K. 42
guerra, condenação da, por Zasetsky 153-154
Gulliver, Viagens de (Swift) 113

hemianopsia 46
"História de um terrível ferimento no cérebro" (Zasetsky) 85

idéias dispersas, de Zasetsky 117-123
imagens não-decifradas, de Zasetsky 117-123
imaginação, capacidade de Zasetsky para 150
Instituto Politécnico de Tula 138
inversão gramatical 124-125

jogos, jogados por Zasetsky 146-149

Kimovsk, Zasetsky em 71, 98, 102, 108, 152
Kisegach, Zasetsky em 102

Laputa (Swift) 113
leitura, e Zasetsky 73-80, 83, 119
linguagem 123-124
   e cognição 50
   ver também construções gramaticais; análise lingüística; palavras

matéria branca 42
matéria cinzenta 42-43
"melodias cinéticas" 81
Memória 113-115, 137
   ver também "fala-memória"
música, e Zasetsky 149-150

não-decifradas, imagens, de Zasetsky 117-123
neurônios 43
　número de, no cérebro 43
neuropsicologia 9-10, 14
　definição 10

óptica, radiação 46, 48
óptico, tálamo 43
oração, estrutura da 123-137
　direta 124
　extensa 124

palavras, lembrança de 113-117
　ver também análise lingüística, construções gramaticais,
　linguagem
Pavlov, I.P. 42, 116
"peculiaridades espaciais", de Zasetsky 61-73
Penfield, W. 46
Pötzl, O. 46

radiação óptica 46, 48
rádio, e Zasetsky 118-119
"regulador do tônus", bloco do cérebro 43-45

Sechenov, I.M. 42
sintaxe, ver oração, estrutura da
Swift, Dean 113

tálamo óptico 43
terapia ocupacional 62
Tula 96
　Zasetsky em 69-70
　Instituto Politécnico de 138

visão, de Zasetsky 53-57

Wernicke, C. 49

Zasetsky, L. 29-34, 52-53
 capacidade para empatia 150
 capacidade para fantasia 150
 capacidade para imaginação 151
 no cinema 149-150
 conhecimento perdido por 137-152
 descrição do ferimento do cérebro
 escrita de 80-93
 exercício de 65
 e "fala-memória", ver "fala-memória"
 guerra, condenada por 153-154
 no hospital de reabilitação 34-36
 idéias dispersas de 117-123
 imagens não decifradas de 117-123
 infância de 25-27
 jogos jogados por 146-149
 em Kimovsk 70-71, 98, 102, 108, 152
 em Kisegach 102
 e leitura 73-80, 82, 119
 limitado a imagens não-decifradas e idéias dispersas 117-123
 e Luria, primeiro encontro com 37-40
 e música 149-150
 e "peculiaridades espaciais" 61-73
 e rádio, escutando 118-119
 sensação do corpo de 57-60
 terapia ocupacional para 62
 teste de compreensão feito por 119
 em Tula 69-70
 visão de 53-57

EDITORA VOZES

Editorial

CULTURAL

Administração – Antropologia – Biografias
Comunicação – Dinâmicas e Jogos
Ecologia e Meio-Ambiente – Educação e Pedagogia
Filosofia – História – Letras e Literatura
Obras de referência – Política – Psicologia
Saúde e Nutrição – Serviço Social e Trabalho
Sociologia

CATEQUÉTICO PASTORAL

Catequese – Pastoral
Ensino religioso

TEOLÓGICO ESPIRITUAL

Biografias – Devocionários – Espiritualidade e Mística
Espiritualidade Mariana – Franciscanismo
Autoconhecimento – Liturgia – Obras de referência
Sagrada Escritura e Livros Apócrifos – Teologia

REVISTAS

Concilium – Estudos Bíblicos – Grande Sinal – REB
RIBLA – SEDOC

VOZES NOBILIS

O novo segmento de publicações
da Editora Vozes.

PRODUTOS SAZONAIS

Folhinha do Sagrado Coração de Jesus
Calendário de Mesa do Sagrado Coração de Jesus
Almanaque Santo Antônio – Agendinha
Diário Vozes – Meditações para o dia-a-dia
Guia do Dizimista

CADASTRE-SE
www.vozes.com.br

EDITORA VOZES LTDA.
Rua Frei Luís, 100 – Centro – Cep 25.689-900 – Petrópolis, RJ – Tel.: (24) 2233-9000 – Fax: (24) 2231-4676 –
E-mail: vendas@vozes.com.br

UNIDADES NO BRASIL: Aparecida, SP – Belo Horizonte, MG – Boa Vista, RR – Brasília, DF – Campinas, SP –
Campos dos Goytacazes, RJ – Cuiabá, MT – Curitiba, PR – Florianópolis, SC – Fortaleza, CE – Goiânia, GO –
Juiz de Fora, MG – Londrina, PR – Manaus, AM – Natal, RN – Petrópolis, RJ – Porto Alegre, RS – Recife, PE –
Rio de Janeiro, RJ – Salvador, BA – São Luís, MA – São Paulo, SP
UNIDADE NO EXTERIOR: Lisboa – Portugal